Mobility as a Service
Research and Practice

出行即服务（MaaS）研究与实践

李香静　刘向龙　刘好德　李佳杰　编著

人民交通出版社
北京

内 容 提 要

本书在讨论 MaaS 概念、内涵与外延的基础上，开展了 MaaS 研究与实践。全书共设三篇，即研究篇、实践篇、案例篇。其中，研究篇开展了 MaaS 体系下需求分析、供给体系、公共治理、效能表征与评估等理论研究，提出了可供参考的思路与方法；实践篇围绕政策制度、标准规范、运营体系、平台建设等方面总结分析了 MaaS 的相关实践；案例篇按照典型城市、平台互联、跨域融合等不同类型 MaaS 平台，选取了典型案例进行梳理总结；最后从 MaaS 发展的定位、导向、模式、机制、路径等方面提出了建议。

本书可为政府交通管理部门制定相关政策、加强行业管理，高校及科研机构开展学术研究，企业发展探索业务新路径提供参考和帮助，也可供对 MaaS 感兴趣的读者阅读。

图书在版编目(CIP)数据

出行即服务(MaaS)研究与实践/李香静等编著.
北京：人民交通出版社股份有限公司，2024.12.
ISBN 978-7-114-19601-0

Ⅰ. U491.1

中国国家版本馆 CIP 数据核字第 2024YX4620 号

Chuxing ji Fuwu(MaaS) Yanjiu yu Shijian

书　　名：**出行即服务(MaaS)研究与实践**
著 作 者：李香静　刘向龙　刘好德　李佳杰
责任编辑：刘捃梁
责任校对：龙　雪
责任印制：张　凯
出版发行：人民交通出版社
地　　址：(100011)北京市朝阳区安定门外外馆斜街 3 号
网　　址：http://www.ccpcl.com.cn
销售电话：(010)85285857
总 经 销：人民交通出版社发行部
经　　销：各地新华书店
印　　刷：北京建宏印刷有限公司
开　　本：720×960　1/16
印　　张：12.75
字　　数：200 千
版　　次：2024 年 12 月　第 1 版
印　　次：2024 年 12 月　第 1 次印刷
书　　号：ISBN 978-7-114-19601-0
定　　价：80.00 元

前 言

Preface

MaaS(Mobility as a Service)源于计算机领域 IaaS、PaaS、SaaS 的"即服务"概念,Mobility 意为"出行",因此 MaaS 被国内学者命名为"出行即服务"。近年来,在全球个人移动智能终端快速普及和共享出行蓬勃发展的背景下,MaaS 是交通运输行业所产生的新兴出行服务理念和服务方式。自 2019 年 MaaS 被纳入交通强国建设范畴以来,各级交通运输主管部门在"十四五"规划中普遍对推进 MaaS 建设进行了任务部署,诸多高等院校与科研机构广泛关注这一领域,部分地区、城市与产业公司积极开展平台建设与应用探索,呈现了良好的发展氛围。但鉴于 MaaS 服务体系的复杂性,MaaS 在我国的研究与实践仍处在初级阶段,不同层级的 MaaS 发展均普遍面临如何建设、运营、服务、治理等难题。

本书的主要编著者及编写团队于 2015 年起开始持续跟踪 MaaS 的研究及应用进展,围绕 MaaS 领域相关理论、实践应用不断深耕研究,取得了一些成果。2020 年,编著者所在团队围绕国内外 MaaS 相关研究及应用动态,结合相关科研项目研究,出版了本系列第一本专著《出行即服务(MaaS)研究与探索》,重点研究和探索了 MaaS 概念、内涵、国内外发展概况、技术体系、发展路径等内容。在《出行即服务(MaaS)研究与探索》的基础上,团队进一步深化研究,系统调研了北京、上海、广州、贵阳、淮安、柳州、南通等城市的 MaaS 实践情况,深度开展了一系列的科技研发项目。其中包括交通运输部科学研究院交通强国试点任务"可持续城市交通系统研究""综合交通大数据提升综合交通运输服务便捷化",交通运输行业重点科技项目清单项目"城市出行即服务(MaaS)平台建设顶层设计研究""城市 MaaS 智慧出行一体化平台与运营服务关键技术研究",中央级公益性科研院所基本科研业务费项目"城市 MaaS 平台功能及标准体系研究”，城市公共交通智能化交通运输行业重点实验室开放课题“城市 MaaS 体系下典型出行场景效能提升表征与评估研究”等，为 MaaS 理论体系构建与实践应用落地奠定了坚实的科研基础。同时，编写团队积极拓展“产－学－研－用”协同创新网络，与广东省交通运输厅、贵阳市交通委员会、苏州市交通运输局等行业管理部门，东南大学、同济大学、清华大学等高等院校，广州市公共交通集团有限公司、南宁轨道交通集团有限责任公司等运营企业，百度、滴滴、腾讯、支付宝、车来了、上海随申行、亮啦（上海）、八维通等互联网科技公司广泛交流、合作，充分整理吸收团队近 10 年研究成果，结合国内外最新的学术成果、政策法规、技术发展以及实践案例，对 MaaS 进行了系统地梳理和分析，从研究、实践、案例三个层面入手，着重研究了 MaaS 相关发展问题，最终形成了出行即服务（MaaS）研究与实践成果。

本书定位为交通领域的专业研究著作，不仅注重理论和实践的结合，还强调跨学科的综合研究方法，力求为学术研究者、政策制定者、城市和交通规划者，以及交通出行领域从业者等读者提供全面、系统、深入的 MaaS 知识体系与切实可行的实践指引。

本书由李香静、刘向龙负责章节框架、内容选择以及统稿工作，李佳杰、王昌负责组稿和撰写工作，刘好德负责审稿工作。本书在编写过程中还得到了西南交通大学杨飞教授、东南大学程龙副教授、上海理工大学李文翔副教授、北京航空航天大学刘鹏副教授、北方工业大学许研副教授等的大力支持和帮助。此外，图书出版得到了人民交通出版社杨丽改老师的鼎力支持，在此一并表示衷心感谢！

由于研究能力与编写时间有限，本书不乏纰漏之处，但希望能够抛砖引玉，吸引更多的学术科研人员、技术研发人员、行业管理及从业人员、产业科技公司等致力于 MaaS 的理论研究与应用实践工作，以促进其健康可持续发展。

作　者

2024 年 6 月

符号及缩略语

MaaS——出行即服务(Mobility as a Service)

AI——人工智能(Artificial Intelligence)

WTO——世界贸易组织(World Trade Organization)

IaaS——基础设施即服务(Infrastructure as a Service)

PaaS——平台即服务(Platform as a Service)

SaaS——软件即服务(Software as a Service)

API——应用程序接口(Application Programming Interface)

App——应用程序(Application)

GNSS——全球导航卫星系统(Global Navigation Satellite System)

OD——出行起讫点(Origin-Destination)

BERT——双向编码器表征法(Bidirectional Encoder Representations from Transformers)

DBSCAN——基于密度的聚类算法(Density-Based Spatial Clustering of Applications with Noise)

DQN——深度 Q 网络(Deep Q-Networks)

A3C——异步优势动作评价算法(Asynchronous Advantage Actor-Critic)

VCG——维克里-克拉克-格罗夫斯(Vickrey-Clarke-Groves)

PBFT——实用拜占庭容错(Practical Byzantine Fault Tolerance)

P2P——点对点网络借款(Peer-to-Peer lending)

RBAC——基于角色的访问控制(Role-Based Access Control)

HPD——最大后验密度(Highest Posterior Density)

IVE——国际车辆排放(International Vehicle Emissions)

COPERT——道路运输排放因子(Computer Programme to Calculate Emissions from Road Transport)

MOVES——机动车排放仿真(Motor Vehicle Emission Simulator)

CMEM——微观综合模式排放模型(Comprehensive Modal Emission Model)

BIRCH——综合层次聚类算法(Balanced Iterative Reducing and Clustering using Hierarchies)

ISO——国际标准化组织(International Organization for Standardization)

CEN——欧洲标准化委员会(Comité Européen de Normalisation)

SAE——国际自动机工程师学会(Society of Automotive Engineers)

SAC——中华人民共和国国家标准化管理委员会(Standardization Administration of China)

TC——全国标准化技术委员会(Technical Committee)

SC——分技术委员会(Subtechnical Committee)

ICT——信息与通信技术(Information and Communications Technology)

MSTP——多业务传送平台(Multi-Service Transport Platform)

SDH——同步数字体系(Synchronous Digital Hierarchy)

V2X——车对外界的信息交换(Vehicle to Everything)

目 录

Contents

研　究　篇

实　践　篇

案　例　篇

第一章 绪 论

第一节 交通运输与出行服务

一、交通运输涵盖的内容

交通运输主要是指人员、货物或信息从一个地方到另一个地方的移动过程,以及相关的运输工具、基础设施和管理系统。交通运输的核心目的是实现人员和货物在空间上的位移,确保其流通,是社会经济活动的基础之一。讨论交通运输,通常涵盖以下几个方面内容。

(1)运输工具:如火车、飞机、船舶、汽车、自行车等。

(2)运输基础设施:如道路、铁路、机场、港口、桥梁等。

(3)运输系统和管理:如交通法规、运输政策、物流管理、交通信号等。

(4)运输模式:如公路运输、铁路运输、航空运输、水路运输等。

(5)运输对象:人员、货物、信息等。

二、出行服务涵盖的内容

出行服务主要是指为个人或团体提供的与交通出行相关的各种服务。出行服务的内容较为多样化,强调的是服务的提供和体验,旨在满足人们的出行需求,提高出行的便利性和舒适性。出行服务通常涉及以下几方面内容。

(1)交通工具服务:如出租汽车、公共汽电车、轨道交通、租车服务等。

(2)新兴出行方式:如网络预约出租汽车(以下简称网约车)、互联网租赁自行车(以下简称共享单车)、共享汽车、拼车服务等。

(3)出行解决方案:如出行规划、导航服务、出行咨询、出行支付等。

(4)旅游生活服务:如旅游线路规划、导游服务、酒店住宿预订、景点门票预订等。

三、交通运输与出行服务的关系

交通运输和出行服务是两个既相互联系又相互独立的概念。交通运输强调供给侧视角,是出行服务的基础,为出行提供必要的运载工具和运输网络支持;出行服务则强调需求侧视角,是交通运输的应用形式,旨在提高人们的出行便利性和舒适性。

从两者的范围来看:交通运输涵盖所有与移动相关的工具、设施和系统,是一个广义的概念,包括了出行服务,注重系统和基础设施的建设和运营;出行服务则更专注于为个人或团体提供具体的出行服务,强调服务的提供和用户体验。从两者的目的来看:交通运输的主要目的是实现人员和货物的位移,确保社会经济活动的正常进行;出行服务的主要目的是为出行者提供便利和舒适的服务,满足出行目的,提高出行体验和效率。从两者涉及的内容来看:交通运输包括各种运输工具、运输网络、运输管理和相关政策等,注重整体系统的运作和效率;出行服务则包含出行方式的选择、出行过程中的体验和各种辅助服务,如导航、预订、咨询等。

长期以来,交通运输的发展更多是从供给侧视角关注如何提高交通运输基础设施的数量和质量,以支持经济发展。然而,这种视角在长期的发展过程中,逐渐暴露出基础设施过剩与利用率不高,投资和维护成本高,模式与区域发展不平衡,忽视用户需求和服务质量不高等问题。为了实现交通运输系统的可持续发展并使其更好地服务国民经济,需要从需求侧入手,结合供给侧优势,更加注重用户需求和服务质量的提升,合理配置资源,平衡各种交通模式和区域发展,减少环境和社会问题,实现交通运输的综合、协调和可持续发展。

党的十八大以来,在以习近平同志为核心的党中央的领导下,交通运输事业取得了历史性成就、发生了历史性变革,为经济社会发展和人民生活水平提升提供了有力保障。我国部分领域交通运输现代化水平已跻身世界先进行列，正向着加快建设交通强国的奋斗目标迈进。随着国家推进实施“互联网＋”便捷交通，鼓励发展“平台经济”，定制公交、网约车、共享停车、共享单车等需求响应型出行服务业态快速发展，城市个性化出行需求与集约化交通供给之间不平衡、不充分的矛盾出现了新的解决方案。2019 年 9 月，党中央、国务院发布的《交通强国建设纲要》提出“大力发展共享交通，打造基于移动智能终端技术的服务系统，实现出行即服务”的战略部署和明确要求。

从字面意义上看，出行即服务（Mobility as a Service，MaaS）是将基于资产所有权的交通供给转移到按需获取的交通服务，并且作为一种供用户消费的服务，是“一切皆服务”（Anything as a Service，XaaS）在交通行业的应用，其核心理念是“使用交通工具而非拥有交通工具”。MaaS 更加强调需求侧视角，更加关注服务质量和用户出行体验，近年来已经成为人移动问题研究的热门方向。2019 年 9 月，法国议会下院通过《交通未来导向法》（以下简称法案），主要针对当前科技进步和互联网大数据发展对传统交通运输行业产生的根本性变革影响，就原有《交通运输法典》提出修改建议，从而使《交通运输法典》更好适用于互联网时代交通运输管理和服务的需要，更好地满足公众出行需求。法案中以“出行”（Mobility）概念取代传统的“运输”（Transport）概念，从而扩大法案的适用范围；将“运输”修改为“出行”是该法案最为核心的内容，由此原有的“运输权”变更为“出行权”，“运输系统”变更为“出行系统”，“运输服务”变更为“出行解决方案”，这些变革预示并代表了未来出行服务发展的关注重点。

第二节　MaaS 概念、内涵与外延

一、MaaS 概念

MaaS 是在深刻理解公众出行需求的基础上，将各种运输方式整合在统一的服务体系中，从而充分利用大数据决策实现资源最优调配，最大程度满足不同出行需求的一体化出行服务生态，并以统一的信息服务平台对外提供出行规划、预约、支付、清分、评价等服务。

二、MaaS 内涵

MaaS 虽为新概念，但并非新模式。本质上，MaaS 是长期以来交通运输服务一体化要求在新技术不断进步基础上的发展成果。近年来，交通新基建是联结交通运输与新产业的纽带和融合剂，成为交通运输新理念、新业态、新模式的主要承载体。交通领域物联网、大数据、云计算、移动互联、人工智能等技术与交通运输系统的不断融合与深化应用，提高了系统网联化、智能化、数字化水平，将传统的出行服务资源进行线上整合，解决了分布式出行需求与集约型交通供给之间的即时信息对称、计划排班式供给与按需定制型出行精准需求匹配两大出行供需耦合技术难题，传统出行服务系统的数智化升级与赋能，为 MaaS 的发展提供了技术条件和场景条件。

国际将 MaaS 框架结构划分为基础设施、运输服务、数据服务、MaaS 服务、MaaS 用户 5 层。

(1)基础设施层是指提供出行服务的设施、装备，乃至管理政策、法规制度等，属于 MaaS 供给层面的资源。

(2)运输服务层是指公交公司、出租汽车公司等运输服务运营主体，基于供给资源开展运输服务，基本是“有经营资质”的传统运输服务商。

(3)数据服务层是指为运输服务提供商提供数据服务的供应商，包含地图服务提供商、通信运营商、支付平台企业等。

(4)MaaS 服务层是指为出行者提供预约出行服务的运营商。MaaS 服务模式下，出行服务新业态经营平台业户，如网约车平台公司、共享单车平台公司等，其主要工作是将线下的运输服务资源整合到线上为出行者和服务提供者提供信息服务，并根据相关规定承担运输者义务和责任。

(5)MaaS 用户层是指出行者。MaaS 出行服务模式下，传统意义的乘客转换成为 MaaS 系统的用户。

三、MaaS 外延

MaaS 在方式、空间、时间、生态 4 个维度的服务形式有所不同。

(1)方式维度，MaaS 可促进公共汽电车、地铁、出租汽车(含网约车)、共享(电)单车、分时租赁、停车、充电等不同交通模式与服务的组合。

(2)空间维度,MaaS 可在路径规划、支付、票务、信息等方面提供城市内以及跨区域的服务。

(3)时间维度,MaaS 可提供单一和不同模式组合下的即时、日票、周票、月票等不同时效的出行服务产品。

(4)生态维度,MaaS 可实现出行服务与食、住、游、娱、购等消费领域的融合。滴滴出行(以下简称滴滴)、高德地图、百度地图等跨区域出行服务平台,全国交通一卡通、铁路 12306 等全国性电子客票服务,美团、携程、去哪儿等“交通 + 消费”融合型服务平台,均可看作是 MaaS 不同服务形式的外延。

第三节 主要发展历程

一、国外发展历程

2014 年,瑞典哥德堡市(Goteborg)推出的 UbiGo 试点项目,被认为是第一个开始实施的 MaaS 案例。2015 年,欧盟启动了 MyWay 项目,旨在开发一个跨欧洲的多模式出行路径规划平台,为用户提供最佳的出行方案和信息。2016 年,芬兰的 MaaS Global 公司推出了 Whim 应用,建立了全球第一个商业化运营的 MaaS 平台。Whim 为用户提供基于月度订阅或按需支付的不同服务套餐,涵盖公共交通、出租汽车、租车、共享单车等多种交通方式。2017 年,欧盟启动了 IMOVE 项目,旨在促进 MaaS 在欧洲范围内的推广应用和标准化,力图通过开发一个开放的 MaaS 架构和一系列工具和服务,支持不同城市和地区实施 MaaS。2018 年,瑞典斯德哥尔摩市(Stockholm)推出 SL Access 应用,为用户提供了基于公共交通卡的多模式出行服务,包括公交、地铁、火车、电车、轮渡、共享单车等。2019 年,芬兰政府颁布了《运输服务法》,为 MaaS 的发展提供了一个有利的法律框架,其中规定了交通服务提供者之间的数据共享和合作原则,以及用户的权利和义务。

2020 年,受新冠疫情影响,MaaS 面临着与以往不同的挑战和机遇。一方面,由于人们对公共交通的担忧和对私家车的偏好,MaaS 的需求和收入受到了一定程度的影响。另一方面,由于人们对灵活、安全、可持续的出行方式的需求增加,MaaS 也展现出了其潜力和优势,并推动了一些创新与合作。例如,Whim 在芬兰推出了“随心包”服务套餐,为用户提供了更多的灵活性选择;UbiGo 在瑞典与 Volvo 合作,在斯德哥尔摩市推出“家庭包”服务套餐,为用户提供了公共交通、租车、共享单车等多种交通方式,并附赠 Volvo 汽车保险。短短几年,MaaS 已成为全球智能交通领域的热门议题,各个国家、企业、研究机构在研究和实践应用中积极探索发展 MaaS。然而,2024 年 3 月 14 日,芬兰 MaaS Global 向赫尔辛基市(Helsinki)地方法院申请破产,反映出在出行领域的转型升级中,MaaS 初创公司正面临着经济变革、兼并和重组,可见寻找可行的商业模式才是 MaaS 生存发展的关键。国外部分 MaaS 平台运营基本情况总结见表 1-1。

国外部分 MaaS 平台运营基本情况 表 1-1

平台名称	运营模式	应用服务	典型做法和经验
Whim	运营模式:政企合作; 运营主体:环球出行即服务公司(MaaS Global),由 Sampo Hietanen 创建; 投资与运营:由丰田、三菱和蓝诺创投,注资超过 1.49 亿欧元,主要在芬兰、奥地利、比利时、日本、瑞士、英国等国家运营	整合的交通模式:出租汽车、公交、自行车、分时租赁、网约车、共享电动踏板车和共享电动自行车等; 应用功能:出行规划、预约叫车、费用支付等	多样化出行套票:提供三种不同的出行月票,满足不同用户群体出行需求
Moovel	运营模式:企业主导; 运营主体:戴姆勒集团(Daimler AG); 投资与运营:戴姆勒集团独立运营,通过收购和合作扩展市场,并在德国、美国等国家运营	整合的交通模式:公交、地铁、共享汽车、共享单车、拼车、出租汽车以及铁路等; 应用功能:查询、预约、支付、实时信息服务等	开放应用服务接口与数据共享:完全开放应用服务接口,共享公共交通数据; 多种收入模式:包括订阅、按需付费和额外服务收费

续上表

平台名称	运营模式	应用服务	典型做法和经验
Moovit	运营模式:企业主导; 运营主体:穆维特公司(Moovit),后被英特尔收购并入无比视公司(Mobileye)业务部门; 投资与运营:通过5轮融资筹集了1.33亿美元,在112个国家3400多座城市提供出行服务	整合的交通模式:公交、地铁、拼车、共享单车、网约车和分时租赁等; 应用功能:出行规划与路线查询、支付、实时到站信息服务与提醒、地图导航、拥挤度查询等	数据资产价值化:构建公共交通数据库,出售匿名数据模型给企业客户; 用户激励机制促进低碳出行:实行积分等级制度和积分奖励与兑换,增强用户对低碳出行的认同感和参与度
Transit	运营模式:企业主导; 运营主体:加拿大Transit公司; 投资与运营:2018年融资1750万美元,主要在美国、英国、加拿大、欧洲、澳大利亚等国家和地区运营,覆盖了全球约100个城市	整合的交通模式:公共交通(包括轮渡)、共享单车、共享汽车、出租汽车、网约车等; 应用功能:实时到站信息服务、出行规划、预约、支付、消息提醒	残障人士出行服务:为残疾人和有感官障碍的乘客提供无障碍出行路径规划服务
Setowa	运营模式:企业主导; 运营主体:西日本旅客铁道公司; 投资与运营:西日本旅客铁道公司负责技术开发和平台维护,主要在日本的福山市和濑户内地区运营	整合的交通模式:铁路、航运、公共汽车、出租汽车、分时租赁、共享单车、共享汽车等; 应用功能:景点、餐饮和住宿设施等的旅游导航和预订服务、行程规划、在线预订与支付	周游通行证:为用户提供“出行+旅游”套票,用户可在规则范围内无限次乘坐指定交通工具,并享受景点门票优惠

续上表

平台名称	运营模式	应用服务	典型做法和经验
Choisoko	运营模式:政企合作; 运营主体:日本丰明市政府与爱信株式会社; 投资与运营:投资方主要包括爱信株式会社、杉药房、丰明市政府、兴亚保险公司以及其他赞助商,如超市、便利店、餐厅、医疗和银行机构等,主要在日本丰明市运营	整合的交通模式:公共交通; 应用功能:老年人出行方案规划、公交票务预订、社区及交通指南发布、公交实时到站信息服务	特殊群体出行服务:为停留在超市、便利店、餐厅、医疗机构、银行等场所的老年人等提供需求响应式公交服务
Universal	运营模式:企业主导; 运营主体:全日本空输株式会社和其他合作伙伴; 投资与运营:全日本空输株式会社与日本京急电铁、横滨国立大学等合作,主要在东京市、太宰府市、札幌市、大阪市、横须贺市试点	整合的交通模式:公共交通、步行、出租汽车等; 应用功能:出行规划、预约、支付、实时到站信息服务、位置与需求共享、旅游住宿信息服务	特殊群体无障碍出行:规划轮椅行进路线,通过语音和振动设备帮助视障人士出行

二、国内发展历程

我国学者最早是从参加 2015 年法国波尔多市召开的智能交通世界大会(ITS World Congress,ITS)开始关注和了解 MaaS 的。2018 年 11 月,中国 ITS 协会在天津召开第十三届中国智能交通年会,组织了首届“出行即服务”(MaaS)学术沙龙。因其理念的先进性,短时间内 MaaS 得到了国内学术界和产业界的广泛认可。各大高校和科研院所,如重庆交通大学、清华大学、同济大学、深圳市城市交通规划设计研究中心、北京交通发展研究院纷纷对 MaaS 的内涵、特征、技术体系、运营模式等方面开始了探索研究。国内部分共享出行企业和互联网企业,如环球车享汽车租赁有限公司、深圳市海梁科技有限公司等,在上海、深圳等地开展对 MaaS 模式的局部小规模试点,探索建设模式。2019 年,MaaS 发展理念首次纳入国家顶层设计,随后多次出现在交通与产业规划文件中。

2019 年 11 月，北京市交通委员会与阿里巴巴旗下的高德地图签订战略合作框架协议，共同启动北京交通绿色出行一体化服务平台。2020 年 6 月，由广东省交通运输厅牵头，广东岭南通股份有限公司、交通运输部科学研究院、深圳市腾讯计算机系统有限公司等参与，合作开展粤港澳大湾区“一票式”联程客运出行服务体系研究，提供涵盖公交、轨道交通、道路客运、航运、铁路、民航等方式的综合交通出行链服务，推行湾区出行一卡（码）通、一票通，打造粤港澳大湾区出行服务示范工程。2021 年，高德地图与北京市政路桥建材集团有限公司就“MaaS 出行 绿动全城”碳普惠活动产生的 1.5 万吨碳减排量达成交易意向，并举行签约仪式。这是全球首次通过市场化交易，将个人绿色出行方式积累的碳减排量转化为物质和精神激励，搭建了社会效益和个人收益之间的桥梁。2022 年 10 月，上海随申行交通智慧科技有限公司抢抓全市数字化转型战略实施契机，在上海市国资委、交通委支持下推出“随申行”MaaS 平台。2023 年 6 月，北京市交通委员会和北京市生态环境局联合印发《北京 MaaS2.0 工作方案》，推动北京 MaaS 从 1.0 向 2.0 迭代升级。之后，贵阳、天津、南京等城市开始积极筹备、启动 MaaS 建设和试点工作，越来越多的信息与通信技术企业、数据科技公司、高科技服务企业、汽车制造公司等加入 MaaS 实践队伍中，在全国掀起了 MaaS 实践热潮。

研 究 篇

第二章 新形势下出行需求分析

近年来,随着移动互联网、人工智能等先进科技的快速发展,公众的出行体验产生了革命性的改变,并推动了共享经济的兴起,使得出行方式更加多样化。同时,在公交优先、绿色出行等政策引导下,公众的出行理念和习惯发生了较大转变。在我国城市交通发展形势产生新变化的背景下,人们的出行需求也随之发生了深刻改变,从最初的通勤、购物等基本出行需求,转变为更加注重个性化、多元化、品质化的出行需求。在此新形势下,本章基于出行需求的演变规律和特征,面向 MaaS 从感知体系监测、出行链特征提取、模式识别等方面提出了精准辨识用户出行需求的思路和方法,为优化供给体系、更好满足不同群体的出行需求提供支撑。

第一节 出行需求演变规律

人民群众对城市出行服务的需求变化是社会经济和科学技术发展历程的生动缩影。改革开放以来,随着我国经济社会的快速发展、人民生活水平不断提高,以及移动互联网、数字经济等的发展,人民的出行需求层次不断升级,对出行方式和服务体验等有了更高的期望,其需求演变规律符合马斯洛需求层次理论。从改革开放初期、市场经济开始兴起,到加入世界贸易组织(World Trade Organization, WTO)后社会经济跨越式发展,再到移动互联网蓬勃发展推动经济增长,人民群众生活水平从生存型、温饱型向小康型、宽裕型转变,出行需求也从满足基本出行、快速出行向享受安全、可靠、便捷、舒适、个性化等美好出行服务转变，出行需求演变规律如图 2-1 所示。

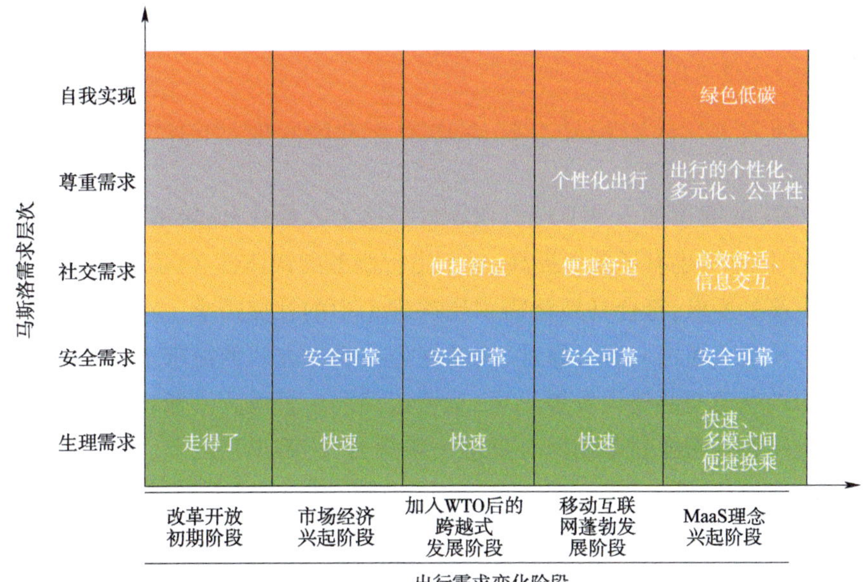

图 2-1 基于马斯洛需求层次理论的出行需求演变规律

一、改革开放初期(1978—1989 年)

在改革开放初期，经济水平相对较低、城市规模较小，城市居民出行大多依靠自行车、三轮车、步行等方式，公共交通系统覆盖率较低，私家车稀少。在该阶段，城市客运发展受到社会、经济、技术等发展的限制，能提供的交通出行方式有限，居民出行需求更多关注的是“走得了”，类似于马斯洛需求层次理论中最基础的生理需求，城市出行服务处于初期阶段，只能满足公众的基本出行需求。

二、市场经济兴起时期(1990—2000 年)

随着改革开放进程的加快，城市规模迅速扩大、人口快速集聚，居民出行距离逐渐增加，人们开始追求更加安全、快速的出行方式。公共汽电车作为一种集约化、安全可靠的交通工具，在此阶段扮演了重要的角色。在此期间,北京、上海等一线城市开始建设轨道交通,私家车保有量逐步增长,居民能够获得相对安全和可靠的出行服务。该阶段满足了其对于马斯洛需求层次理论中安全需求的需要,出行服务开始由“走得了”向“走得好”转变。

三、加入WTO后的社会经济跨越式发展时期(2001—2008年)

自2001年我国加入WTO后,国家经济实力大幅提升,城镇化进程快速推进,居民生活水平也有了较大提高,对于出行服务的快速性、舒适性和便捷性等提出了更高的要求,符合马斯洛需求层次理论中的社交需求。在此期间,人们对于城市轨道交通这一高可靠性、快速性公共交通方式的需求逐步增长,国内主要城市的轨道交通建设发展迅猛,运营线路和运营里程不断增长。同时,公交系统的线路网密度和车辆保有量进一步提升,巡游出租汽车、私家车等私人化出行方式快速增加。

四、移动互联网蓬勃发展时期(2009—2018年)

2009年以后,移动互联网的经济体量逐渐超越传统互联网,手机移动支付迅速普及,共享单车、网约车、分时租赁等新业态开始兴起,居民开始关注更加个性化、灵活的出行方式,趋向于马斯洛需求层次理论中的尊重需求阶段,居民希望自身的出行需求能够被运输服务提供商所尊重。在此阶段,经济社会发展和技术进步使人们对生活质量提出了更高的要求,同时,其对闲暇时间的自由支配产生了更加个性化出行方式需求,希望能够根据自己的需求和偏好,如耗时最短、步行距离最短、费用最低、舒适度最高等,选择不同的交通方式出行。

五、MaaS理念兴起阶段(2019年至今)

城镇化与机动化的快速发展使得我国城市普遍面临日益严峻的交通拥堵、环境污染等问题,解决此类问题需要鼓励人们选择集约化、高效化、绿色化交通方式出行。近年来,国家大力倡导公共交通优先发展战略。但随着共享单车、网约车、分时租赁等多样化出行方式快速发展，居民出行习惯发生了结构性变化，城市公交行业客运量持续下降，可持续运营面临极大挑战。中央及各级政府管理部门出台了多项相关的政策，希望通过跨模式一体化的服务整合提升公共客运体系的运输服务效能。在此阶段，随着居民经济实力和消费意愿的增长，出行服务要求更加多元化、品质化，符合马斯洛需求层次理论中的自我实现需求，对伴随式、“门到门”的出行服务需求逐渐旺盛。另外，随着我国人口老龄化速度加快，老龄人口规模增大，老年人出行需求较以往有明显增长，加之低收入、残障人士等群体的出行意愿及需求，总体对交通适老化、包容性、公平性等方面提出了更高的要求。

第二节　出行需求特征分析

基于出行需求演变规律，围绕近期公众出行情况，分析得到居民出行需求特征发生了四大方面的变化。

一、公众出行习惯发生深刻的结构性变化

当前，城市公众出行习惯发生深刻变化，个体化出行比例持续增长。目前，全国已有 27 个城市的汽车保有量超过 300 万辆，其中，成都、北京、重庆 3 个城市汽车保有量超过 600 万辆，城市私家车出行量增势显著。同时，电动自行车出行比例大幅提高，目前全国电动自行车保有量已突破 4 亿辆。另一方面，城市公共交通客运量也在逐年回升，2023 年，我国城市公共交通日均客运量近 2 亿人次。

二、城市出行服务发生“5I”转变

在公众日益增长的个性化、多元化、品质化的出行需求下，城市客运逐渐开始适应出行需求升级的客观趋势，从满足基本出行向提供个性化（Individuation）、一体化（Integration）、即时化（Immediacy）、智能化（Intelligence）和线上化（Internet）的“5I”服务转变。

个性化方面,用户可根据个人偏好和需求定制出行方案,如选择最适合自己的交通方式、规划个性化的出行路线、个性化信息展示等;一体化指信息服务、票务服务、联程出行和支付方式等的一体化,通过统一的平台获得与出行相关的所有信息,完成各种交通方式的电子票务的统一购买与支付;即时化体现在用户对实时信息和即时服务反馈的需求,包括实时交通信息、车辆信息、路线变更、天气变化等数据,使他们能够作出准确的出行决策;智能化指利用大数据、大模型等技术,通过一体化出行平台提供智能化的服务和功能,如用户画像、规划个性化出行方案、出行方案实时调整等;线上化指将传统的业务或活动迁移至互联网进行,如在线预订、电子支付、智能导航、在线客服等。出行即服务场景与传统出行服务场景下的用户需求差异见表 2-1。

出行即服务场景与传统出行服务场景的用户出行服务需求特征对比　表 2-1

类别	出行即服务场景	传统出行服务场景
个性化	更注重用户的个性化出行偏好,主动选择符合自身需求的出行方案	较少考虑用户偏好,用户被动接受出行方案
一体化	更注重多种方式的信息服务、票务服务、联程出行和支付等的一体化	各类运输方式相互独立,票务服务不互通
即时化	出行需求和实时信息的准确、快速获取	离线、离散、无法准确预知
智能化	出行方案智能规划、实时导航	电子站牌信息预报、车辆到站预报
线上化	资源线上整合、在线预订支付、线上客服	线下服务

三、城市出行群体需求特征发生重要变化

近年来,城市人口结构发生了很大变化,以 80 后、90 后及 00 后为代表的年轻群体成为交通出行主力,年轻群体更加偏好于共享出行、网约车等新型交通方式。同时,随着老龄化人口规模增大,老年人的出行需求显著增加。截至 2023 年底,我国 60 周岁及以上老年人口达 2.97 亿人,为积极应对人口老龄化,

各地加快提升城市交通适老化出行服务能力，提供包括敬老爱老服务公交线路、低地板及低入口城市公共汽电车、电话约车、网约车“一键叫车”、城市轨道交通“爱心预约”等服务。

四、跨区域人员流动规模和运输结构发生变化

随着我国经济的快速发展，全社会跨区域人员流动总量增长迅速。例如，2024 年综合运输春运（以下简称春运）全社会跨区域人员流动总量达 84.2 亿人次，“五一”假期达 13.6 亿人次。同时，节假日期间公众旅游出行的增势明显。2024 年春运期间，旅游客流达 19.9 亿人次，占人员流动总量的 23.6%，相比 2023 年同期增长 21%；端午、清明等短期节假日期间，中短途旅游需求旺盛，京津冀、长三角、粤港澳大湾区、成渝城市群内部短途客流成为出行主力。

跨区域人员流动运输结构方面，高速铁路（以下简称高铁）和民用航空（以下简称民航）在公众中长距离出行中占据的比重越来越大，道路客运更多服务于短距离出行或包车出行。以 2024 年春运为例，铁路、民航客运量分别增长至新冠疫情前 2019 年同期的 118.8%、110.0%，增势显著。同时，随着我国汽车保有量的持续增长、公路网络的不断完善，自驾出行成为公众干线出行首选。例如，2024 年春运期间，自驾出行量达 67.2 亿人次，约占全社会跨区域人员流动量的 80%，占据绝对优势地位。

第三节　面向 MaaS 的出行需求精准辨识

面向 MaaS 构建城市多维多模态出行感知监测体系，提出多方式出行链模式识别方法，可通过衡量用户典型的出行模式精准辨识用户出行需求。出行链模式识别方法主要包括以下三个部分：一是，通过融合多源时空数据，提取个体出行链的出行特征；二是，利用机器学习技术探索出行特征与出行方式之间的关联性，以推断出行链中各出行段的出行方式；三是，利用模型深入理解城市多方式出行链，识别出典型的多方式出行链模式，从而实现对用户出行需求的精准辨识。方法逻辑如图 2-2 所示。

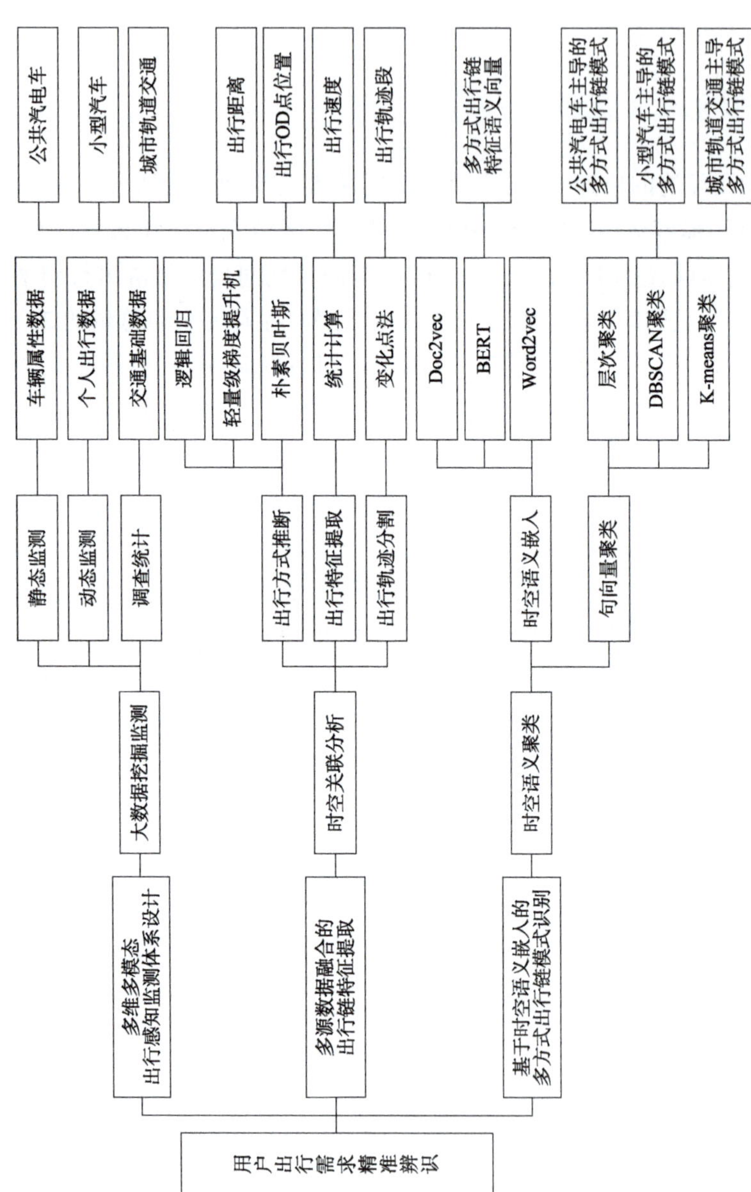

图 2-2 多方式出行链模式识别方法逻辑图

一、多维多模态出行感知监测体系设计

在 MaaS 服务体系下，MaaS 服务运营商与各运输服务提供商通过数据交换方式，获取个体的出行数据，包括个体的出行次数、出行起始段、出行方式、出行起讫位置、出行轨迹坐标、采用某种交通方式的出行距离及合乘人数等信息。面向 MaaS，开展多维多模态出行感知监测主体主要包括公共汽电车、城市轨道交通、骑行、步行及合乘等交通方式，其监测内容包括出行距离和出行速度两个方面。

对于公共汽电车和轨道交通，出行距离的获取可利用其出行票务系统数据中的里程数据与出行轨迹数据交叉验证。出行速度则利用其出行票务系统数据中的速度数据与出行轨迹数据进行比对获取。对于骑行，出行距离通过对应的公共自行车服务平台的用户订单数据与出行轨迹信息对照获取，出行速度利用对应的公共自行车服务平台的用户出行数据与出行轨迹信息核验。对于步行，出行距离通过路径规划和导航平台的轨迹数据确认，出行速度可通过路径规划和导航平台的轨迹数据获取。对于合乘，则可利用合乘服务平台的用户轨迹信息与用户订单信息分别校对验证以获取出行距离、出行速度。对于 MaaS 平台未能监测的出行，可通过用户的出行里程结合 MaaS 平台的监测精度计算获取。

基于对不同交通方式的出行距离、出行速度的监测，可以获取碳排放核算以及交通方式识别中的基础数据。而上述不同指标的监测频率也不尽相同，例如，个体的出行次数、出行的起始位置、出行的结束位置等，通过项目对接或者平台出行记录进行实时监测。车辆的百公里油耗、燃料的碳排放因子等则是基于出行的实际交通方式和对应的能源类型，通过获取统计数据进行每月监测。因此，本节分析了 MaaS 平台对于不同碳源所需要监测的参数和数据，建立多维多模态的城市交通出行数据监测参考指标体系，如图 2-3 所示。

对于个人出行数据，主要采用动态监测。例如，通过用户出行期间的手机定位实时监测的出行起讫点、全球导航卫星系统（Global Navigation Satellite System，GNSS）轨迹、出行时间和出行距离等指标。交通方式和载客人数等信息可以由运输服务商或用户在出行期间主动上传。在无法直接获取用户出行方式的情况下，MaaS 平台还可以采用机器学习算法推断识别出行方式。对于出行距离，可以利用车载 GNSS 数据或票务数据对原始轨迹数据的里程计算结果进行交叉验证。

数据源	共享汽车	网约车/巡游车	公共汽电车	城市轨道交通	共享单车
个人出行数据	GNSS轨迹 借车位置 还车位置 出行距离 出行时间 载客人数 出行费用	GNSS轨迹 上车位置 下车位置 出行距离 出行时间 载客人数 出行费用	GNSS轨迹 上车站点 下车站点 出行距离 出行时间 载客人数 出行费用	GNSS轨迹 上车站点 下车站点 出行距离 出行时间 出行费用	GNSS轨迹 借车位置 还车位置 出行距离 出行时间 出行费用
车辆属性数据	车辆类型 能源类型 排放标准 发动机信息 平均能耗	车辆类型 能源类型 排放标准 发动机信息 平均能耗	车辆类型 能源类型 排放标准 发动机信息 平均能耗 行车线路 发车间隔	车辆类型 能源类型 行车线路 发车间隔 平均能耗 日平均载客人数	车辆类型 使用年限
交通基础数据	方式转换系数 机动车保有量 车辆平均能耗	新能源汽车比例 地铁路网数据 年平均行驶里程	年出行总量 道路路网数据 燃料排放因子	分交通方式的出行量 人均单次出行距离 排放因子修正系数	

图 2-3　城市交通出行数据监测参考指标体系

对于车辆属性数据，主要采用静态监测。例如，车辆类型、能源类型、发动机类型、平均能耗及排放标准等参数可在运输服务商在 MaaS 平台注册登记时统计完成。公共交通的平均载客人数、行车线路及发车间隔等信息由运输服务商根据当天的车辆运营与调度计划分时段提供。

对于交通基础数据，主要采用调查统计，事先确定并定期更新，通常更新周期为 1 年。例如，交通方式转换系数、各交通方式的出行量、人均单次出行距离、分车型的机动车保有量及新能源汽车比例等指标，需根据官方部门或权威机构发布的统计数据进行确定。车辆平均能耗、年均行驶里程、燃料排放因子及排放因子修正系数等参数需要由具备相应检测资质的单位按照规范的测量方法和程序测量获得。

二、基于多源数据融合的出行链特征提取

多源数据融合主要依赖时空关联分析方法，通过融合多源数据来进行出行起讫(Origin-Destination, OD)点推断，提取用户的出行链特征。MaaS 平台可实时获取用户行程规划、预订、支付和行程完成等环节的数据。在用户完成订单后，平台会保存订单数据，包括订单编号、起止时间、起止位置、出行方式及票价

等,并将其存储为多方式出行订单数据集。在出行过程中,平台会监测用户的实时位置,包括时间戳、经纬度、海拔和速度等,并将其存储为多方式出行轨迹数据集。MaaS 平台多源数据融合如图 2-4 所示。

1. OD 点推断

OD 点推断主要是为了深入理解和有效管理城市交通流。它的核心必要性在于帮助城市规划者和交通工程师准确预测交通需求,优化路网设计,以及提高公共交通系统的效率和可达性。通过收集和整理交通流量数据、GNSS 追踪数据以及交通票务信息,构建全面的 OD 数据集,不仅包含出行的起止时间和地点,还涵盖了路线选择、交通方式及其变化等多维度信息。为确保数据的准确性和可用性,可采用数据清洗和预处理技术,消除噪声和异常值。

对数据进行初步处理后,利用统计分析方法对 OD 数据进行描述性分析,识别出高频出行路线、主要交通拥堵点及其时间分布等关键特征。通过机器学习算法,如决策树、支持向量机或深度学习网络,构建出行需求预测模型,基于历史和实时数据预测未来特定时间和地点的出行需求。

考虑到城市交通系统的动态性和复杂性,引入时间序列分析和空间分析技术,以更准确地捕捉和预测 OD 交通流的时间动态和空间分布。例如,使用时间序列模型或季节性分解技术对周期性出行模式进行预测,以及应用空间自回归模型来分析区域间的出行依赖性。这些方法的综合应用,可以提供对当前交通状况的详尽解读,预测未来的变化趋势,为交通政策制定、基础设施规划以及交通系统管理提供科学依据和决策支持。

2. 出行链特征提取

由于在 GNSS 轨迹记录过程中,许多轨迹的交通方式是未知的,从而导致出行段的具体出行方式无法确定。为了确保提取的出行链特征的完整性,需要根据上述推断出的 OD 点以及出行特征,运用机器学习算法精准地推断出未知出行段的交通方式,然后再结合时间序列融合方法,提取出行链特征数据集。个体出行链特征提取方法流程如图 2-5 所示。

步骤一:将输入的出行订单数据集和带有标签的轨迹数据集进行整合,通过匹配用户编号和出行时间,将用户的轨迹与出行方式相对应。提取轨迹段的出行特征作为模型的输入,用于训练出行方式推断模型。

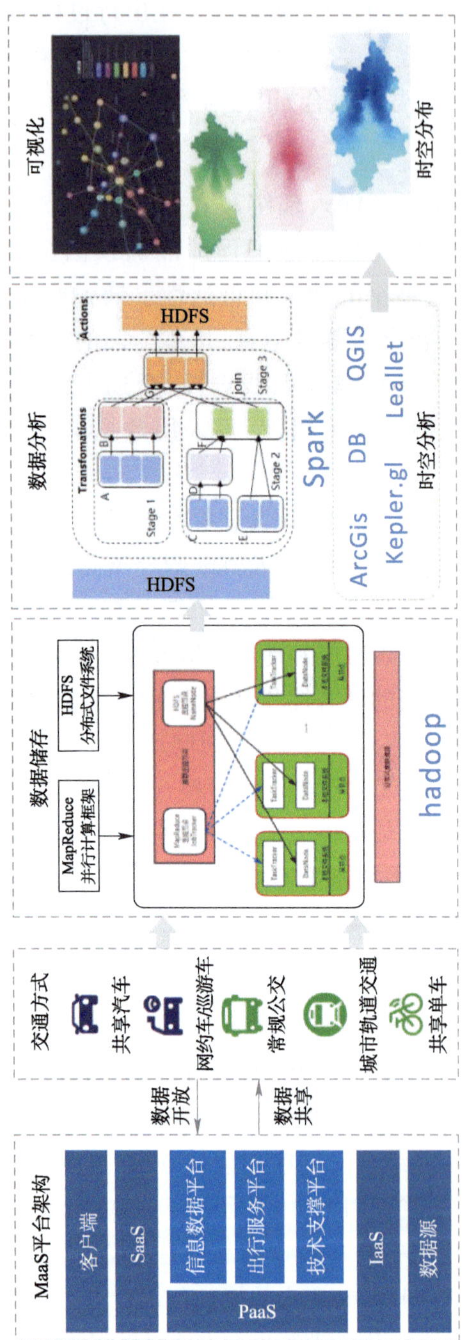

图 2-4 MaaS 平台多源数据融合

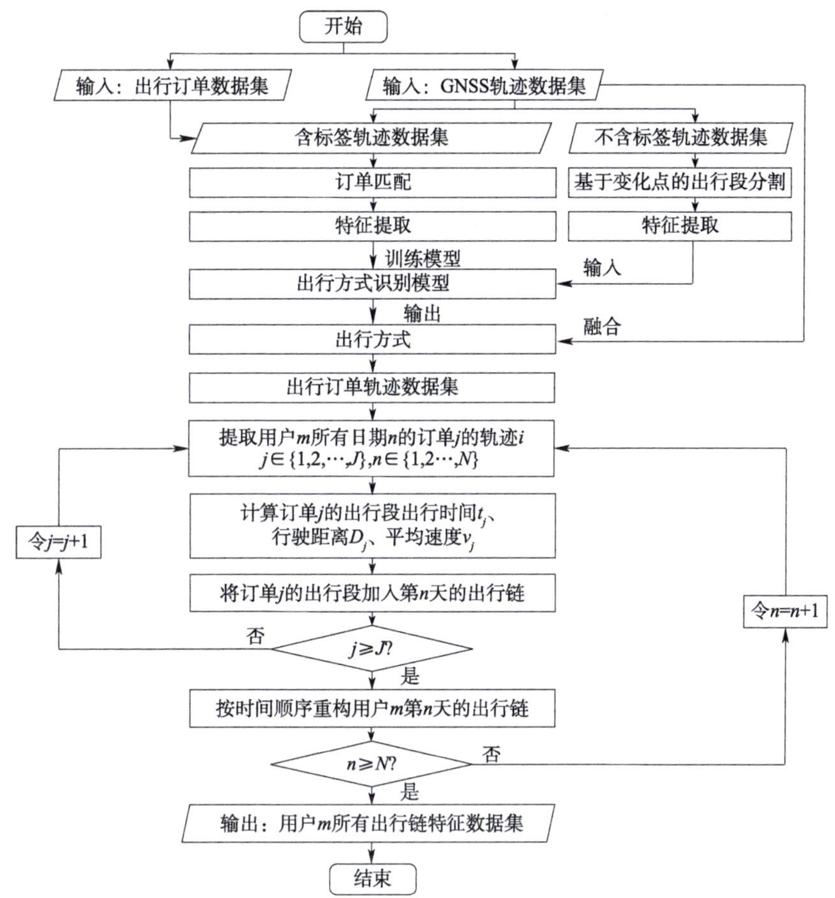

图 2-5 个体出行链特征提取方法

步骤二：对于不含标签的轨迹数据集，使用变化点法将轨迹点划分为不同的出行段，并提取轨迹段的出行特征，将特征数据集输入已建立的出行方式推断模型中，从而输出出行方式推断结果。

步骤三：将出行方式与轨迹数据融合，形成出行订单轨迹数据集。提取用户 1 天内的所有轨迹点，按照出行时间先后顺序对轨迹点排序，将任意相邻 2 个连续的轨迹点相连接，转化为轨迹段。考虑到 GNSS 可能存在定位漂移和信号丢失等问题，剔除 2 个相邻轨迹点之间距离超过 500m 或平均速度大于 60m/s的轨迹段，以确保数据的有效性。

步骤四：将轨迹段划分至对应的出行段，计算出行段的出行时间、出行距离及平均速度特征，剔除出行时间大于 2h 的出行段；对于步行，剔除平均速度大于 5km/h 的出行段;对于骑行,剔除平均速度大于 20km/h 的出行段;对于机动车和轨道交通,剔除平均速度大于 80km/h 的出行段。

步骤五:融合相同用户在一天内的所有出行段,并按时间顺序重构为 1 条完整的出行链,然后继续融合下一天的出行链数据,最终输出用户所有的出行链特征数据集。

出行链定义为个体为完成一项或多项活动,而在交通系统中产生的一系列空间位移,其时间周期为 1 天。因此,出行链由用户 1 天内的全部出行活动组成,其中出行是由不同交通方式的出行段组成,而出行段则是由 1 种交通方式产生的所有轨迹段组成,如图 2-6 所示。

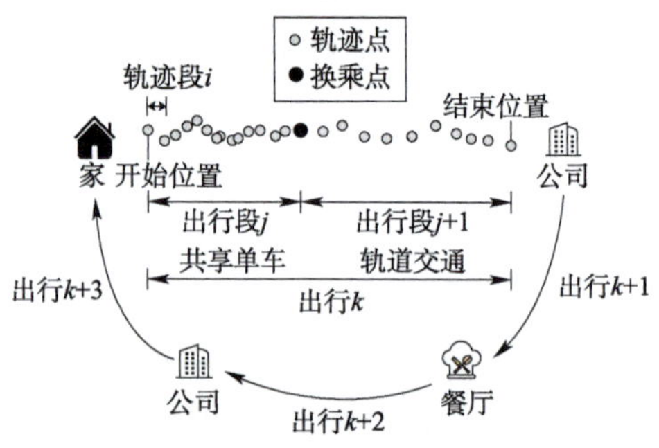

图 2-6　出行链描述示意

在出行方式推断任务中,分析出行特征与所选择的交通方式之间的关联至关重要。为保证出行方式推断的准确性,本节提供的方法不仅提取了基本的出行时间和距离,还进一步细化了方位角、速度和加速度的平均值、方差、四分位数等微观交通出行特征,如图 2-7 所示。

宏观交通特征	微观交通特征		
出行时间	最小出行方位角	平均速度	平均加速度
出行距离	最大出行方位角	最小速度	最小加速度
出行频率	出行平均方位角	最大速度	最大加速度
出行目的	出行方位角方差	速度方差	加速度方差
OD点位置	出行方位角25%分位数	速度25%分位数	加速度25%分位数
停留点次数	出行方位角50%分位数	速度50%分位数	加速度50%分位数
出行碳排放	出行方位角75%分位数	速度75%分位数	加速度75%分位数

图 2-7　微观交通出行特征提取

出行方式推断本质上是一个多类别分类问题,通过计算各个特征的梯度相似性,确定梯度最小时对应的交通方式。具体来说,就是将不同出行方式的特征向量进行对比,寻找与未知出行段特征最接近的已知出行方式。机器学习模型可以高效地解决此类问题。监督学习算法可以利用大量标注好的历史数据训练模型,使其能够识别不同的出行方式,并通过不断学习和优化,提高对未知出行段交通方式的预测能力。

常用的监督学习算法包括K近邻、轻量级梯度提升机、逻辑回归、朴素贝叶斯和支持向量机等。通过这些算法,不仅可以自动化地处理大量数据,还能够显著提升预测的效率和准确性。其核心在于,通过对速度、加速度等微观特征的深入分析,精确地捕捉到不同交通方式之间的细微差别。相关研究表明,基于轻量级梯度提升机的机器学习模型因其处理大规模数据的高效率和出色的处理速度,特别适合用于出行方式推断。这种方法不仅提高了预测的准确性,还极大增强了对出行行为的理解和分析能力。轻量级梯度提升机模型训练流程如图2-8所示。

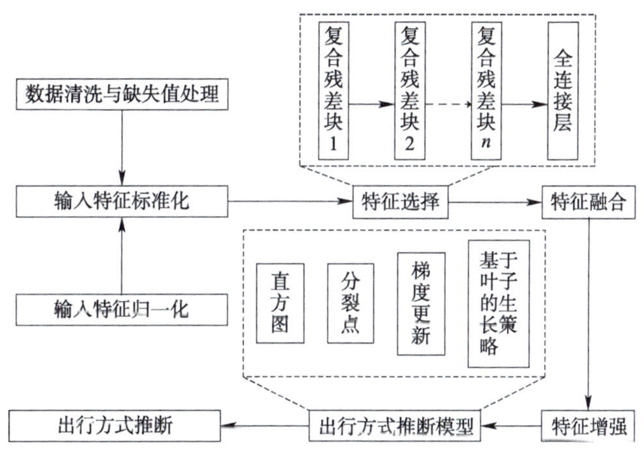

图2-8 轻量级梯度提升机模型训练流程

轻量级梯度提升机是一种高效的梯度提升决策树算法。它通过直方图算法将连续特征离散化为有限的箱,从而快速找到最优分裂点,这些分裂点将节点样本划分成两个子节点,减少节点的不纯度。在每次迭代中,算法根据当前模型的预测误差计算梯度,并利用这些梯度更新模型参数,以逐步减少预测误差。轻量级梯度提升机采用基于叶子的生长策略,每次选择具有最大分裂增益的叶子进行分裂,这种方法可以更有效地减少损失函数,提高模型的训练速度和效率。通过这些优化策略,轻量级梯度提升机在保证模型精度的同时可显著提升训练速度和效率。

三、基于时空语义嵌入的多方式出行链模式识别

出行链模式定义了个人或群体在特定时间内选择的交通方式,以及研究对象从一个地点移动到另一个地点的行为模式。本质上,深入探索出行链模式是研究不同出行链之间的特征相似性。通过计算这些相似性并将出行链分组,可以观察到每个组的典型特征,从而识别出每个组的独特出行模式。仅通过数值特征分析无法完全刻画出行链特征,因此可以将出行链以文本形式描绘。一条出行链相当于一句话,通过计算目标文本的相似性判断出行链特征。整个过程主要分为三部分,分别是多方式出行链文本表征、时空语义嵌入和聚类分析,通过将提取的多方式出行链特征数据转化为文本形式,然后利用时空语义嵌入将文本形式的多方式出行链编码成语义向量,最后采用聚类算法计算向量之间的距离,对语义向量进行分组,从而精确识别日常生活中典型的多方式出行链模式。识别过程如图 2-9 所示。

1. 多方式出行链文本表征

由于多方式出行链具有多样性,各出行链中出行段的数量并不一致,使用数值形式的特征表示提取后的多方式出行链会导致出行链之间维度不统一,从而难以衡量出行链之间的相似度。为了克服这一问题,本节使用文本形式表示多方式出行链,将多方式出行链特征以文本描述在同一个单元中,保证了出行链维度的统一,然后可以通过语义嵌入模型对单元内文本进行表征,从而将多方式出行链转化为固定长度的嵌入向量,以便于后续对多方式出行链之间相似度的计算。

为了减少后续语义表征的复杂度,若连续的出行段使用相同的交通方式,则将其合并成一个更大的出行段;如果不同,则使用“+”号表示换乘。此外,为了丰富出行中各个交通方式出行段的空间信息,对于每次出行,将所有出行段的距离总和作为出行距离特征,并计算每个出行段占总出行距离的比例,作为语义特征信息,并以“:”间隔添加至相应的出行方式段后。文本化计算方法见式(2-1)和式(2-2)。

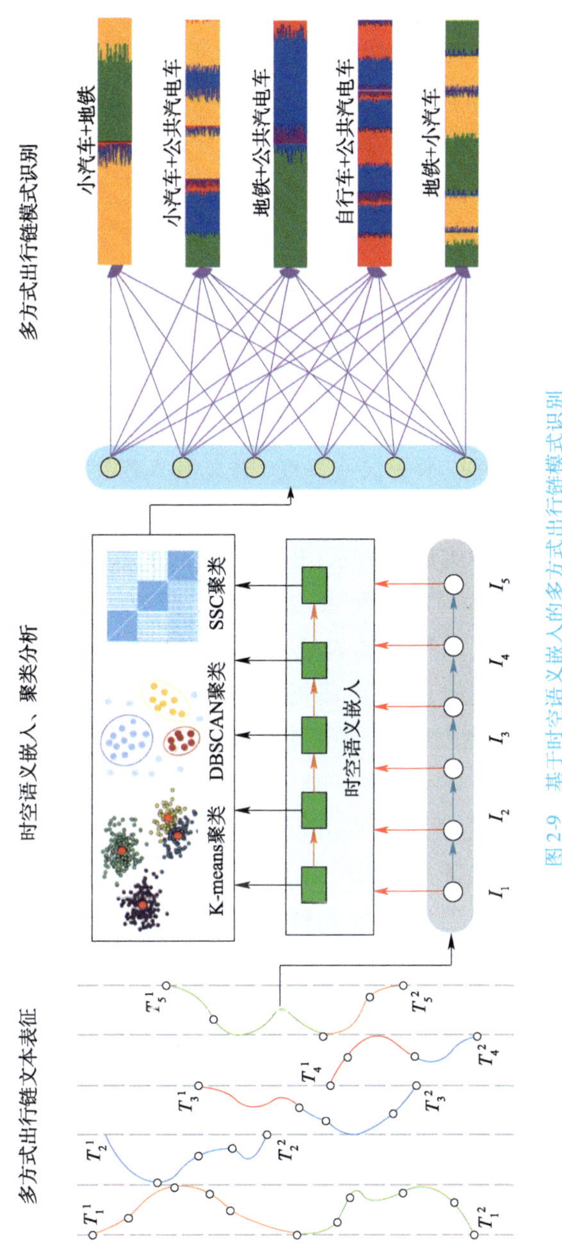

图 2-9 基于时空语义嵌入的多方式出行链模式识别

$$t_i = \text{mode}_i : \text{proportion}_i \tag{2-1}$$

$$T = t_1 + t_2 + \cdots + t_n \tag{2-2}$$

式中： T——文本形式多方式出行链；

t_i——第 i 个出行段；

mode_i——第 i 个出行段的交通方式；

proportion_i——第 i 个出行段的出行距离占比。

将多方式出行链以文本形式呈现，不仅能够抽取丰富的时空语义信息，还能更精确地刻画多方式出行链的特征，有效地剔除冗余信息。此外，有效地衡量文本化多方式出行链特征之间的相似性，能够识别出典型的多方式出行链模式。这种方法显著提高了模式识别的准确性和效率。

2. 时空语义嵌入

随着自然语言处理技术的快速发展，语义嵌入模型已经成为一种强大的工具，用于将文本编码成向量形式，充分考虑其语义。常用的语义嵌入模型包括 Transformer 的双向编码器表示（Bidirectional Encoder Representations from Transformers, BERT）、word2vec 和 doc2vec 等。研究表明，BERT 大语言模型特别适合用于文本形式出行链的表征。BERT 的优点在于其双向编码能力，能够同时考虑上下文信息，从而生成更为准确的文本信息。与传统的单向模型相比，BERT 能更好地理解句子中各个词语之间的关系，捕捉复杂的语义结构。

使用 BERT 模型处理并表示出行链特征数据的过程包括以下几个关键步骤。首先，需要准备并加载一个适合特定出行数据的分词器，通过该分词器，出行信息被恰当地切分并转换成模型能理解的令牌格式。随后将这些令牌输入预训练的 BERT 模型中，模型为每个令牌生成详尽的词嵌入，以捕捉每个令牌的丰富语义信息。为了维持输入数据的序列性，每个令牌还会附加位置嵌入，此步骤确保了出行时序信息在出行链中得到有效保留。最终，通过平均池化技术对所有令牌的嵌入向量进行处理，能够获得一个固定长度的句向量。这个向量综合了所有特定令牌的信息，有效地代表了整个出行链的语义内容。语义嵌入示意图如图 2-10 所示。

3. 语义向量聚类

将出行链文本数据转换为嵌入向量后，可以利用聚类算法度量向量之间的距离,精确计算出行链之间的特征相似性。这种方法不仅提高了出行链模式识别的精度和效率,还开辟了一种新的视角,将出行链模式识别问题转化为句向量之间的距离度量问题。聚类算法包括 K-means 聚类、基于密度的聚类算法(Density-Based Spatial Clustering of Applications with Noise, DBSCAN)、层次聚类等。其中,DBSCAN 是一种适用于处理复杂结构高维数据的聚类算法,特别是在不需要预先确定簇数量的情况下,此算法依靠探索数据的自然聚类结构来识别簇群,通过设定邻域半径和最小样本数这两个关键参数,来确定数据点的聚类属性。

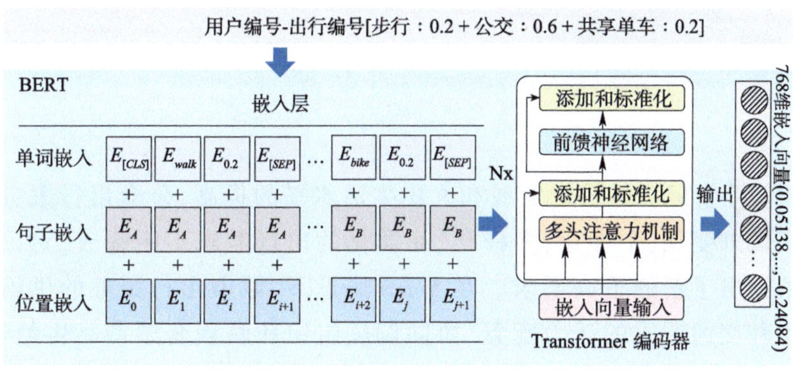

图 2-10 出行链特征语义嵌入示意图

算法最初会标记所有数据点,根据这些参数决定每个点是否为核心点。核心点是指在给定半径内具有足够数量邻近点的数据点。一个核心点会成为新聚类的起点,并将其邻域内的所有点纳入这个新聚类。那些不满足核心点条件但位于核心点邻域内的数据点被视为边界点,而不属于核心点或边界点的数据点则被认为是噪声点,并从主要聚类结果中排除。通过不断迭代,DBSCAN 能够有效地识别并形成任意形状的聚类,同时过滤掉噪声点。

通过应用 DBSCAN 对出行链进行分组,每个簇代表一种典型的出行链模式。观察这些出行链模式的细微规律,可以精准辨识用户的出行需求,从而提高用户的出行质量。同时,识别出用户的典型出行链模式,交通规划者和服务提供者能够更好地优化路线、调度资源,提供个性化的出行建议,继而提升整体交通系统的效率和用户体验。

第三章　新要求下高品质出行供给体系构建

随着社会经济的快速发展和人民生活水平的提高，公众出行服务需求发生了深刻变化，个性化、多样化、品质化的出行需求不断释放，对出行服务供给提出了新的更高要求。在 MaaS 场景下，城市出行服务的供给体系包含多种交通方式的运力配置、协同调度组织和联程套票产品供给等，需面向新出行需求，围绕提升公众出行便捷性、舒适性、安全性、可靠性、高效性、公平性等目标，优化城市出行服务供给体系，满足人民日益增长的美好出行需求，加快构建安全、便捷、高效、绿色、经济、包容、韧性的可持续交通体系。本章基于城市出行服务供给体系典型问题，从多方式运力资源优化配置、运力协同调度和联程套票产品供给等方面提出建立 MaaS 出行服务供给体系的理论方法。

第一节　面向 MaaS 的出行服务供给体系

MaaS 模式的核心理念是“使用交通工具而非拥有交通工具”。MaaS 通过整合多交通模式服务资源，建立以轨道交通为骨干，常规公交为主体，各类共享交通方式为辅助的多模式、多层次、立体化、高品质供给体系，充分发挥系统集成优势，提供与私人小汽车相比更具竞争力的多元化、高质量的公共出行服务，推动各方式优势互补，实现系统整体降本提质增效。

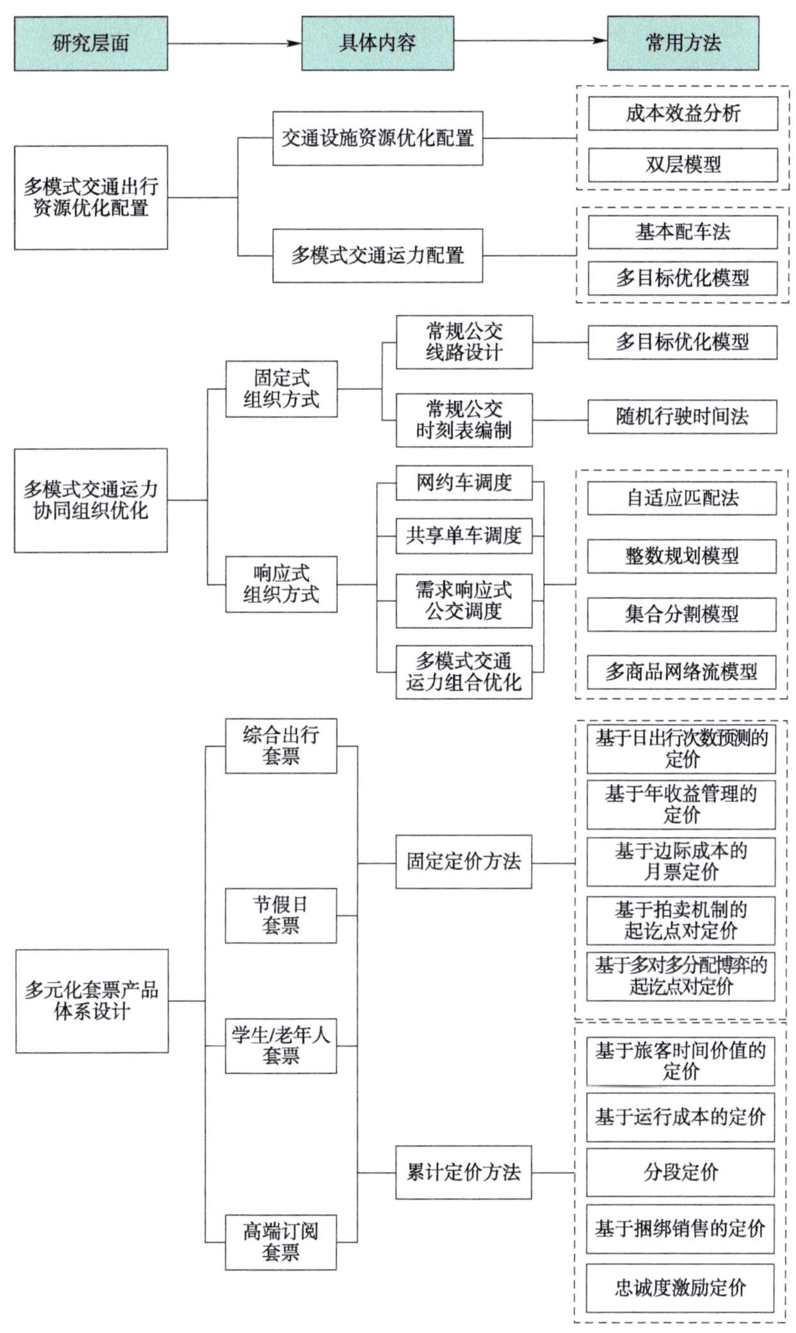

图 3-1 出行服务供给体系框架

当前,城市出行服务供给体系仍存在各交通模式设施资源缺乏统一规划、资源配置自成体系、交通供需适配精准度不高、企业运营服务模式创新性不足等普遍问题,各交通模式间的协作运营、服务难度较大。在 MaaS 服务体系下,为建立高品质的出行服务供给体系,从多模式出行资源优化配置、多模式运输组织协同优化、多元化套票产品体系设计等方面开展研究,其总体框架如图 3-1 所示。其中,资源优化配置确定各出行方式所需空间设施和运输资源的配置,确定各种载运工具的运营数量;协同组织优化是在此基础上进行运力调度,匹配和满足用户的出行需求;多元化套票产品体系设计是在多元化票制基础上,研究票价定价方法、策略选取与收费模式。

第二节　多模式交通出行资源优化配置

多模式交通出行资源优化配置是对整个城市的交通设施资源配置、交通结构时序进行优化。在宏观层面上,从社会经济水平、土地利用方式角度出发,采用集计或非集计模型方法建立居住地、经济收入与出行方式关系模型,研究土地资源、社会经济资源对出行方式结构的影响。在微观层面上,基于城市交通资源特性、乘客出行特性,建立考虑出行者选择行为相互影响的多方式交通资源优化配置方法。

一、交通设施资源优化配置

交通设施资源配置是管理分配多种出行方式在城市中所使用的空间资源,确定各种交通方式占地设施的规模以及空间分布。对于交通设施资源优化配置的研究方法,成本效益分析法作为一种经济决策方法,多运用于政府部门的计划决策,寻求以最小的成本获得最大的收益;非集计模型研究用户的出行行为,站在用户个体需求的角度,建立需求模型预测不同交通方式分担率。此外,系统仿真的方法通过对出行系统的模拟,也能实现对交通设施资源的配置。在 MaaS 环境下,交通资源配置既要考虑到政府与搭建平台的利益,也要降低用户的出行成本。因此系统必须相互配合与协调,形成合理的结构。

交通设施资源配置优化模型通常以双层模型为架构，如图 3-2 所示，公交换乘站点及专用道、网约车/巡游车停靠点等设施规模、布局优化等资源配置方案作为上层模型，而将出行者的出行方式选择和交通分配归入下层模型。上层模型中资源配置方案需要根据交通需求及路网的交通流状况进行优化决策，资源配置变化影响下层模型中出行者的选择行为，包括出行方式、路径、换乘点等，出行者的出行选择结果也会对上层配置主体的决策方案产生影响，两者存在交互反馈的关系。

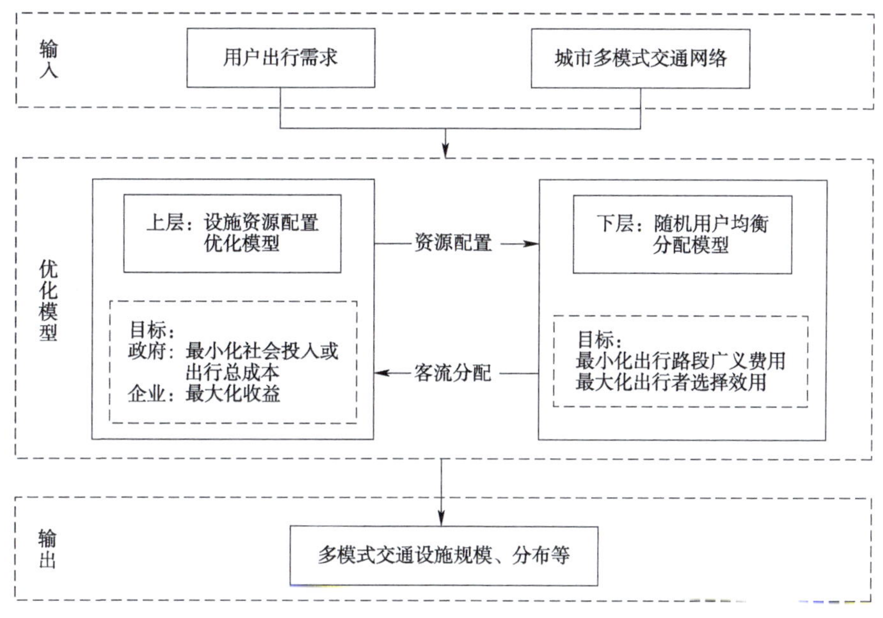

图 3-2 交通设施资源配置双层模型

在上层模型中基于不同配置主体，建立相应的资源配置优化模型。配置主体不同，模型构建的优化目标也不同。政府作为配置主体从社会效益角度考虑，实现社会投入以及所有出行者的出行广义成本最小；而企业作为配置主体，其目标是实现企业盈利最大化。在下层模型中，对出行方式选择的建模多基于随机效用理论，出行者会为每种选择方案确定一个效用值或服务水平。假定 N 表示出行者的出行备选方案集合，I 为出行者的类型集合，则第 i 类出行者选择出行方案 n 的效用 U_n^i 可以表示为：

$$U_n^i = V_n^i + \varepsilon_n^i \tag{3-1}$$

式中：V_n^i——第 i 类型的出行者选择 n 出行方案时可确定的效用；

ε_n^i——随机误差项。

第 i 类出行者选择出行方案 n 的概率可以表示为：

$$P_n^i = \frac{\exp(U_n^i)}{\sum_{n=1}^{N} \exp(U_n^i)} \tag{3-2}$$

二、多模式交通运力配置

由于出行需求的不同,用户的出行行为选择不同,需要根据交通流量及不同车辆载客人数、满载率、不同交通方式的车辆存有量,确定不同时段的车队规模。基本的车辆配置方法是基于乘客出行次数以及客流分布。基本配车法常用于公共交通,一条线路公交运力规模以公交线路长度、运营周转速度和发车间隔为约束,通过公交线路长度、发车频率、运营周转速度可测算出公交线路的基本配车数。

现有研究方法更多集中在多种指标约束下的多目标优化方法,该方法广泛应用于网约车、公交汽电车以及共享单车的运力配置,通过设立目标函数、决策变量、约束条件,建立数学模型,并通过相应算法求解。比如网约车运力配置问题同时关注运营商层面的成本和收入,以及用户层面的乘客等待时间,从而确定网约车的运营数量。从运营商角度考虑提出最小化所有车辆总行驶距离的目标,或者所有可用车辆的总收入最大化目标;从乘客角度考虑提出最小化所有车辆搭载乘客的总等待时间。约束条件包括车辆的行驶距离、车辆收入和乘客的等待时间。

多目标优化模型求解方法可分为传统优化算法和智能优化算法。传统优化算法主要通过加权法把多目标转化为单个数值目标的函数,进而运用线性规划等运筹学方法求解。智能优化方法包括遗传算法、粒子群算法、禁忌搜索算法、自适应大邻域搜索算法等。遗传算法利用计算机对生物系统进行模拟,效仿进化的过程来寻找最优解。粒子群算法思想源于群鸟搜寻食物过程中群体里所有鸟彼此共享位置信息,最终搜寻到食物。这两种方法本质上都是全局搜索的方法。禁忌搜索算法通过引入禁忌表来记录已经搜索过的解,并在后续的搜索中避开这些解，从而扩大搜索范围，寻找全局最优解。自适应大邻域搜索算法结合了破坏和修复策略，通过动态调整搜索范围来寻找全局最优解。

当多种交通方式的运力需要组合配置时，可以考虑优先进行公共交通的运力配置，求出公共交通车辆配置的最优解，并以该最优解为约束条件对其他交通方式进行运力配置。

第三节 多模式交通运力协同组织优化

多模式交通运力协同组织优化分为固定式组织优化与响应式组织优化。固定式组织优化是根据已知的客流数据、车辆规模、设施配置情况进行出行计划的制定。响应式组织优化在于对动态交通需求的精准响应，是一种即时的组织优化，实现交通供需的动态均衡。例如，常规公交多采用定线、定站、定时间表的运营方式，重点关注时刻表的优化。在 MaaS 背景下，需求响应式出行以其不定线、不设站的灵活运营方式得到了广泛关注，借助移动互联环境采集乘客出行需求，包括预计出行地点和预计出行时间等，结合不同车辆行驶状态，灵活制定行驶线路。

一、固定式组织方式

多模式出行运力组织调度是指通过安排和调配交通工具、规划运输线路、调整发车频率，实现与用户需求相匹配，提高 MaaS 系统中各个交通方式的运输能力。固定式的组织方式常用于常规公交的线路设计与时刻表编制。

在常规公交的线路设计中，一般采用“逐条布设、优化成网”线路规划方法，该方法通过分析公交线路的起点与终点位置，公交客流的分布情况，确定每条公交线路的最优布局，在模型约束条件的限制下实现直达客流量最大的目标。此外，还有考虑乘客出行时间、公交运营商利益、公交线网密度和公交线路布局的多目标优化模型，先求出满足基本约束条件的所有线路，形成初始线网，再根据目标函数择优选取，形成优化网络。

在发车时刻表制定中，基于客流数据挖掘的公交时刻表制定是最经典的编制方法。通过调查不同方向、时段的客流信息，由客流量、车型定员、满载率确定发车间隔，以此编制公交时刻表。由于公交系统在运行中会受到内部和外部多种因素的干扰，运营车辆很难保证准点到达中间站点，甚至有时会发生“串车”现象。随着应用运筹学理论在该方向深入研究，考虑车辆随机行驶时间，在时刻表设计中引入了松弛时间。在线路中选取若干个特殊站点，一般是乘客对车辆到站时刻的准时性要求较高的站点，在特殊站点间的期望运行时间中加入一定的区间，即松弛时间，以缓减车辆行驶时间不确定性带来的影响。

二、响应式组织方式

借助信息化、智能化技术，需求响应式交通服务迎来发展机遇。需求响应式交通是“互联网＋城市交通”的创新服务模式，这种模式下的交通车辆不在固定线路上运行，而是实时联网，并动态提供服务。响应式组织方式常用于网约车、共享单车以及需求响应式公交的调度。

网约车的调度组织主要体现在用户匹配调度上，传统的调度方法有两类，一类是算法设计，通过设计高性能的搜索算法，在大规模乘客集合中找到满足一定规则的乘客；另一类是目标优化，基于最优化理论，将匹配问题表示为优化模型，求解满足目标函数的匹配策略。近年来，出现了基于强化学习的自适应匹配方法，通过构建模拟器，应用深度强化学习的方法求解。深度强化学习算法主要有深度Q网络（Deep Q-Networks，DQN）和异步优势动作评价算法（Asynchronous Advantage Actor Critic，A3C）。深度强化学习结合了深度学习的强大感知力与强化学习的优秀决策力，通过试错的方式学习智能体在观测状态下应采取的最佳动作。在解决MaaS网约车运力调度问题中，将每辆网约车视作一个单独的智能体，合理协调各个智能体之间的关系，使多辆车共同完成交通网络中乘客的出行需求。

共享单车的调度问题一般是一种特殊的车辆路径问题，即旅行商问题。调度车辆从车场出发，途经若干租赁点，调度人员要对各租赁点的共享单车进行分配或者收集，然后调度车辆再返回车场；调度车辆在此过程中需要合理规划路径并对租赁点共享单车进行调整，以满足特定的指标。车辆路径问题是整数规划问题，其数学模型可以使用集合分割模型和混合整数规划来表示。当共享单车以及租赁点个数较少时，可以采用精确算法进行求解；当问题规模较大时，需要使用启发式算法以获取较优的调度策略。

需求响应式公交的调度问题一般指带时间窗的车辆路径问题,综合考虑路网情况,以车辆运营成本最小、乘客出行成本最小、服务质量最优等为目标构建模型。由于需求响应式公交不预设固定线路,是由调度中心或者出行平台根据乘客的出行需求生成虚拟站点,在站点选取上通常采用 K-means 聚类算法等。需求响应式公交在用户匹配上,通常采用环形派车算法进行组织。以乘客上车站点为圆心,在一定半径环形范围内寻找车辆,确定备选车辆集合;然后将订单的 OD 信息编入备选车辆集合,计算得到距离最短、响应时间最快的最优车辆,调派该车接收乘客订单;最后将订单信息添加至最优车辆的行程中,生成接单导航路径,推送至驾驶员端,指引驾驶员按照导航提示接送乘客。

MaaS 多模式交通运力组合优化包括时刻表协同和运力协同调度等问题。时刻表协同主要用于城市公共交通系统中,按照相互接驳的出行方式的发车间隔关系,调整不同出行方式的发车频率使其相同或者具有整数比例关系。当客流量较大的线路或出行方式与客流量较小的线路或出行方式换乘不协调时,通常选择调整客流量较小的运营参数,使之与客流量较大的相协调。具体表现为以轨道交通发车时刻以及换乘客流的变化为基础,制定全天各个时段的地面公交车辆发车时刻表。

多交通模式的运力协同调度涉及多车场调度问题,通过合理组织和调配不同模式或者地点的运力资源,实现资源最优配置,常用方法为多商品网络流模型。该模型在多模式交通运力协同调度中,将不同的交通模式看作是不同的商品,每种商品有各自的流动需求,即乘客的出行需求和交通方式的运力。模型通常是以总体成本最小化或者总体利润最大化为目标,同时满足各种交通出行需求和网络资源约束。

第四节　多元化套票产品体系设计

MaaS 涵盖通勤、娱乐、公务、旅行等多出行场景与公交、地铁、出租汽车等多模式交通供给体系,单一的计程票制定价方式已无法充分满足 MaaS 丰富的服务场景需求。为适应并引导这种多元化供需关系,实现更精准高效的服务匹配,MaaS 多元化票制体系创新尤为关键。MaaS 的跨模式联程票制正在不断探索与发展,通过分层套票类型和多场景套票等丰富的联程票制设计,MaaS 为消费者提供了更多的出行选择,优化出行体验的同时也显著降低出行成本。此外,MaaS 的定价方法对于跨模式联程套票产品的市场接受度起着至关重要的作用,通过持续优化构建形成系统的多元化票制体系,不仅能够吸引用户,还能推动“双碳”目标的实现,促进交通与旅游的深度融合,符合国家的可持续发展政策方针。本节内容以 MaaS 的多元化票制体系设计为核心,分为票制类型、定价方法、策略选取与收费模式三个部分,如图 3-3 所示。

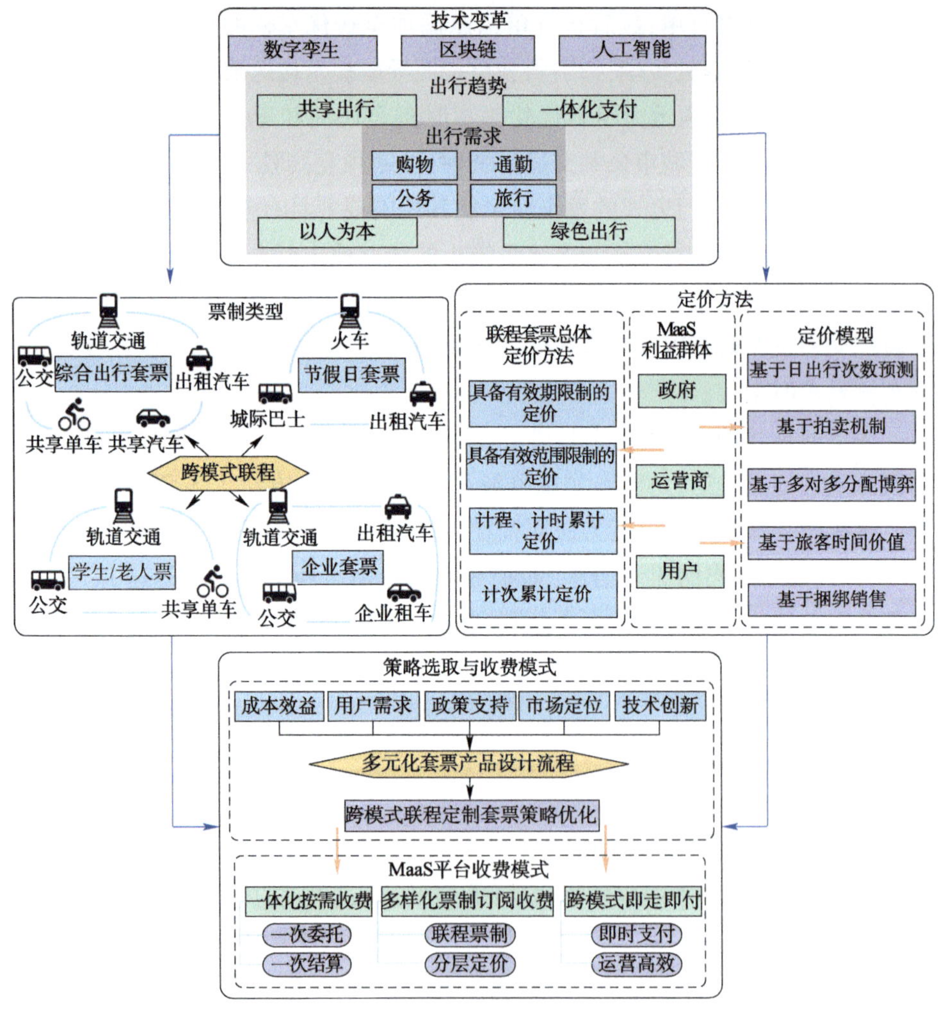

图 3-3　多元化套票体系设计

一、票制类型

票制即票价的形成规则，现有的票制主要包括单一票制和计程票制（分段票制）。具体的分类见表3-1。我国现有的公共交通票制较为单一，以计程票制为主，采用的计程方式主要包括按里程计程和按站点计程两种，根据乘坐距离计算具体票价。国外的公共交通票制相较更为丰富，例如，德国在票制上实施全网一票制，伦敦地铁采取分区计程票制，即根据所跨区域的数量和位置进行定价，而伦敦公交采取单一票制。

票制分类 表3-1

票制类型	具体类型
单一票制	全网一票制和分线一票制
计程票制	按里程/站点将乘距分段确定票价

除了多元的票制外，根据不同分类方法还可以将传统车票分为不同种类，见表3-2。除了常见的车票种类外，国外还有多种特殊车票种类值得借鉴，如欧洲多个国家采用的区域通票，允许旅客在特定区域内自由乘坐包括火车、公交、地铁在内的多种公共交通工具；德国等国家提供的夜间票/限时票，持有该票的旅客在夜间出行时享有更优惠的价格，适合喜好或频繁在夜间出行的旅客；英国推出由公共交通运营商与其他机构合作开发的联名卡，例如，将交通卡与银行卡或信用卡绑定，可实现无接触支付或自动充值功能；英国推出的家庭票，允许家庭成员共同使用，并享有一定的票价折扣。MaaS平台的核心正是整合上述的多种票制与票类，针对不同类型的旅客推出不同的套票产品，实现“一票通”满足用户出行需求。为实现这一目标，MaaS平台应借鉴国内外丰富的票制结构，并在现有票制的基础上进行改革，逐步建立与完善票制体系。

不同分类方法下的车票种类 表3-2

分类方法	车票种类
按使用时间划分	有时间限制：日票、周票、月票、季票、年票
	无时间限制：单程票、储值票
按服务群体划分	普通票、学生票、儿童票、老年票、军人票、团体票
按使用范围划分	单程票、往返票、联程票

为实现“一票通”的票制结构，现有的 MaaS 平台整合多种交通模式（如公交、出租汽车、地铁、共享单车等）为旅客提供单次或短期的出行方案。旅客可以根据不同出行模式选择不同的套票组合，进而收获更加经济、高效的出行体验。在付费模式方面，MaaS 为用户提供了按使用支付以及固定或定制的年、季、月、周、日套票等方案。

MaaS 可对传统的按使用进行付费的模式进行改进，该模式主要面向初次尝试 MaaS 平台或日常出行较少的用户。在旅客选定出行要素（出发地、目的地、到达时间）后，系统生成多种跨模式联程的出行方案，允许用户根据偏好选择出行方案，并且仅需支付一张电子订单。

除传统模式外，MaaS 平台一般设计多种套票组合，不同套票组合的设计受到多种因素影响，由于所处的城市和地区不同，MaaS 平台需要根据当地的交通特征（交通工具种类、出行者年龄分布等）、环境及气候特征（日照时间、降雨量、污染指数等）、城市特征（人口密度、通勤人数、出行时间、拥堵水平等）和金融特征（车票价格、居民收入等）来制定特色套票，以满足当地旅客的出行需求。套票优惠策略会因地区差异而产生细微差别，基础的套票组合见表 3-3 和表 3-4。根据服务的群体进行划分，套票涵盖了普通票、学生票、老年票、团体票等多种票种，针对不同的用户群体设计了专属套票，提供不同的优惠策略，方便旅客出行。综合出行套票为日常通勤和频繁出行的旅客提供了无限次乘坐公共交通工具及固定次数享受共享汽车服务的月票或年票选项；学生票/老年票为学生和老年人群体提供特殊折扣，允许老年人以较低的费用无限次乘坐公共交通、学生以较低费用无限次使用共享单车；企业套票为特定企业的员工提供优惠的租车和打车等服务。

基于服务群体分层的套票组合 表 3-3

套票类型	交通模式	订阅时限	优惠策略	适用场景
综合出行套票	公共交通（公交、地铁）+共享单车+共享汽车+出租汽车	月票/年票	无限次乘坐公共交通以及每月固定次数的共享汽车服务等	适用于日常通勤/频繁出行用户
节假日套票	火车+城际巴士+租车	周末/节假日	单一价格享受整个周末或假日期间的无限次交通出行服务	适用于假日旅行者/短途旅行爱好者

续上表

套票类型	交通模式	订阅时限	优惠策略	适用场景
学生票/老年人票	公共交通 + 共享单车	学期票/年票	以较低的固定费率提供公共交通(和共享单车的无限次使用)	学生/老年人
企业套票	公共交通 + 企业租车 + 出租汽车	年票	无限次公共交通、优惠的租车与打车服务	企业员工
高端订阅套票	专车服务、高端租车服务	按需/月票	提供专车接送或随叫随到的租车服务,还包括额外的优质服务	适用于商务人士/对出行质量要求较高的用户

基于使用范围与时间分层的套票组合　　表 3-4

票种		定义
年票/月票	计次票	每年/每月可以享受使用固定次数的某种交通工具,但限制每次的使用时间
	计费票	每年/每月支付固定费用,享受多种交通方式的使用费用折扣
	不限次票	每年/每月支付固定费用,可以无限次使用某种或几种交通方式,但限制每次的使用时间
区段票	计次票	购买固定次数的某区域内的交通票,与单次购票相比有一定的优惠
	定时票	在规定时段、规定区域内无限次使用某些交通工具,但限制每次的使用时间
往返票		每年/每月支付固定的费用,享受指定两地区之间往返的交通工具的优惠使用,或不限次地使用两地之间往返的某些交通工具

MaaS 平台还推出了不同使用时间与使用范围的套票,为有着不同出行习惯的旅客提供量身定制的出行方案,更进一步提升了旅客出行的经济性与便捷性。其中年票、月票作为套票体系中最基础的选项,以其灵活性与实用性赢得广泛好评,具体可以划分为计次、计费和不限次票,计次票允许旅客根据自身出行的频率选择使用次数,既满足旅客出行需求,又有效地控制了成本;计费票是

旅客通过支付固定会费,在一定时间内享受交通折扣,可以极大减轻频繁出行旅客的经济负担;不限次票允许乘客在有效期内无限次地使用交通工具,更加经济划算,并且乘车使用时无需每次再单独购票或验票,能够节省大量时间,提升旅客出行体验。此外,MaaS 平台还创新推出区段票与往返票等特色票种,适用于频繁穿梭于特定区域的旅客,使出行更加高效便捷。

除了上述提到的多种交通套票外,MaaS 平台还积极响应国家在交通与旅游融合发展方面的战略,目前国内已有很多城市推出了交旅融合套票,交旅融合也成为未来可持续发展的趋势,尤其是城际之间丰富的交旅融合出行套票的推出,会进一步促进旅游业与交通业的深度融合,为游客提供更加便捷、经济、多样化的出行选择。各城市根据自身的特色产业和旅游资源,推出了多种交旅融合套餐,例如“高铁 + 景区”“高铁 + 餐饮”“高铁 + 住宿”等一系列优惠举措,这种套票的推出不仅使旅客避免了“特种兵式”旅游的匆忙,也可以帮助其一次性解决旅游出行票务问题,降低相关成本,充分享受出行的便利与便捷,同时带动客流跨区域快速流动,有效激活各地的旅游产业潜力,对促进区域经济的发展也有十分重要的意义。

MaaS 平台对套票产品的设计是对传统公共交通票制的一次融合与革新,通过广泛借鉴既有的 MaaS 平台的实践经验,结合不同地区的实际情况,MaaS 平台巧妙构建多元化的套票产品体系,涵盖了单一票制、计程票制等多种票制类型,整合公交、共享单车、地铁、出租汽车等多种交通方式,充分满足不同旅客的出行需求。特色套票产品体系不仅包含了针对不同群体的专属套票,同时引入年票、月票、区段票、往返票等多种不同时间、不同空间范围的套票选择,旨在让每一位用户都能找到最适合自己的出行方案,降低出行成本、提高出行效率,同时鼓励出行者以使用绿色低碳的公共交通工具替代私家车出行,进一步促进城市交通的绿色、低碳发展。

二、定价方法

针对多元化票制产品,一般票价定价方法主要包括固定定价方法和累计定价方法。由于固定定价方法具备订阅制的特点,该方法在 MaaS 发展过程中可能会成为更为主流的定价方式。固定定价方法的核心是票价不随出行距离、时间等因素发生变化;累计定价方法则与之相反,其核心是票价随着出行里程、时间的增加而上涨。两种定价方法又可以进一步细分，固定定价方法可以分为具备有效期的固定定价方法（如日票、月票、年票等）、具备有效范围的固定定价方法（如区域票、起讫点对票等）等，累计定价方法可以分为计程、计时累计定价方法以及计次累计定价方法等。具体定价方法分类和定价模型如图 3-4 所示。

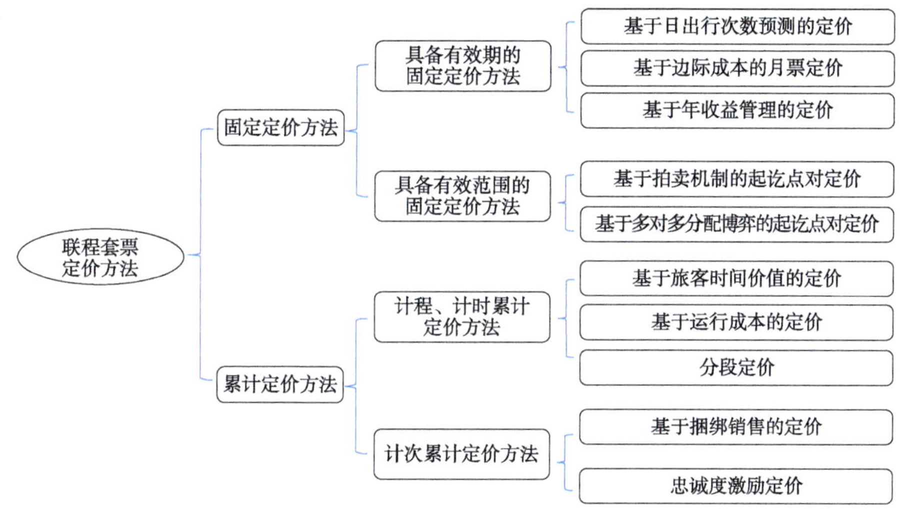

图 3-4　定价方法分类和定价模型

具备有效期的固定定价方法适合需要在一定时间内使用服务的用户，例如游客或商务出差人员，这类定价方法在旅游业发达地区可能得以广泛实施。具备有效范围的固定定价方法更适用于市中心商务区、文化娱乐区或大型活动举办区域，此类定价方法有利于吸引更多用户采用 MaaS 出行，降低区域的交通拥堵程度。计程、计时累计定价方法与传统交通定价类似，适用场景也更加广泛，由于不同交通模式的单位里程或单位时间的成本差异较大，该定价方法更适用于模式间换乘较少的情况。计次累计定价方法适合出行起讫点相对固定的用户，如学生、上班族等。由于这类群体的出行信息相对稳定，运营商估算单次服务的成本相对简便，计次累计定价可以达成用户和运营商双赢。

由于跨模式联程中存在多种交通模式、多个运营商之间的相互合作，MaaS 系统内部参与者之间有着复杂的互动关系，运营商需要综合考虑多方参与者进行定价。现有的多数研究采用优化、博弈、拍卖等理论模型进行定价决策，下面详细介绍几种定价模型。

1. 基于日出行次数预测的定价模型

对于日票、月票、年票这类购买后可以在有效期内无限次使用的 MaaS 套票,估计用户在有效期内的出行次数在定价过程中具有重要意义。基于日出行次数预测的定价模型包括用户出行次数预测和票价拟合两部分。

以多项式 Logit 模型与自助法相结合的日出行次数预测方法为例,如图 3-5 所示,确定票价的具体步骤如下。出行次数预测部分需要收集以往的用户出行次数、出售票数等数据,由于可能存在缺乏个别用户相关数据的问题,该模型提出可以使用自助法来估算缺失用户的平均出行次数。这种方法的大致思路是通过对现有数据进行多次抽样来生成更多样本,从而获得更可靠的估计值。自助法填补了数据缺口,使得定价能够在缺乏详细用户信息的情况下进行。票价拟合部分使用估算后的用户行为数据构建多项式 Logit 模型,预测用户在不同价格方案下的选择行为。该模型将用户的选择行为与不同票价进行关联,进一步估算不同定价策略下的市场份额和运营商利润变化从而确定套票价格。

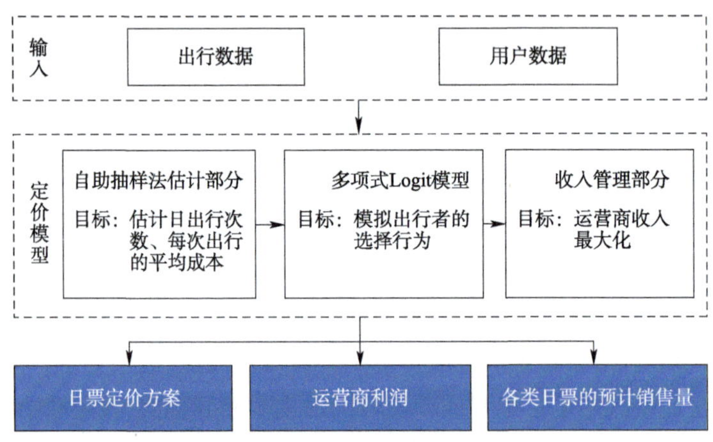

图 3-5　基于 Logit 模型的定价方法

2. 基于拍卖机制的起讫点对定价模型

对于具备有效范围的定价方法,运营商会根据路网、线路或起讫点的相关特征制定不同的固定价格。起讫点对定价不考虑出行过程中具体的出行时间、路径、方式等,只根据出行的起点和终点确定票价。起讫点对定价方法在 MaaS 的相关研究中较为常见,其中多数研究采用拍卖机制解决起讫点对定价问题。

然而在基于拍卖机制的定价模型中，部分用户可能会虚报一个高于真实价格的虚假信息从而提高自身获得服务的机会。同时用户也可能会虚报其他个性化参数，如旅行时间、出行偏好等，借此获得更好的服务或者更低的支付价格。为了解决拍卖中的虚报信息问题，需要设定相应的拍卖机制。

以维克里-克拉克-格罗夫斯（Vickrey-Clarke-Groves，VCG）拍卖机制为例，VCG 拍卖是一种经典的拍卖机制，它能够诱导出一些理想的性质，如激励相容、个体理性和社会福利最大化等。VCG 拍卖机制通过确保参与者提供真实的偏好和估值实现社会福利最大化。在 VCG 机制下，用户支付的票价与他们提出的报价无关，而是与他们对系统福利的影响相关。具体来说，用户的支付票价是系统在包含和不包含该用户请求时的社会福利差异与他们所分配路径的运营成本之和。VCG 拍卖机制的关键特性是激励相容，它确保了用户的最优策略为报告他们的真实信息。

3. 基于多对多分配博弈的起讫点对定价模型

跨模式联程运输需要多个移动运营商在综合服务平台上提供个性化服务。在从起点前往终点的过程中，用户可以选择多个运营商提供的多种出行服务。在此情形下，运营商之间的竞争与合作变得更加复杂，可以采用一个多对多分配博弈模型解决 MaaS 出行的资源分配以及起讫点对定价问题。多对多分配博弈模型描述了用户的出行路径与方式选择、运营商的服务路段选择以及套票定价，其中出行者代表不同起讫点的出行需求，运营商代表各个服务路段的出行供给。出行者和运营商之间的匹配通过出行路径决定，运营商和服务路段之间的匹配由运营商的服务路线决定。当模型中所有参与者不能通过形成新的匹配关系来获得更高收益时，整个 MaaS 系统达到最优状态，从而获得系统最优时的 MaaS 套票定价。

4. 基于旅客时间价值的定价模型

在计程、计时累计定价方法中，基于旅客时间价值与出行时间进行定价是常见的定价模型之一。旅客时间价值是指旅客在出行途中消耗时间的机会成本，也就是旅客在出行过程中放弃的其他活动或时间的价值。

以通过 Logit 模型修正旅客时间价值的方法为例。该模型应用收入法初步计算旅客时间价值。收入法是指按不同出行者收入的百分比来计算出行价值，通常使用所在城市平均收入与工作时间之比计算每小时收入作为旅客时间价值。随后,通过 Logit 模型对旅客时间价值进行修正。根据 Logit 模型,假设时间参数服从对数正态分布并且对效用值有负面影响。综合考虑不同交通方式的固定效用、票价、旅行时间等变量对出行方式选择的影响,分别计算不同出行方式的效用函数。通过这种效用函数模型可以得出修正的旅客时间价值,修正后的旅客时间价值服从对数正态分布。以出行时间与旅客时间价值为输入变量可以确定 MaaS 套票定价。

5.基于捆绑销售的计次定价模型

在计次累计定价方法中,运营商以出行次数为收费单位,无需考虑出行的具体里程与时间。跨模式联程出行存在多模式的衔接,用户一次出行融合多家运营商的服务。因此,在跨模式联程的计次定价中需要将多模式交通的产品服务进行打包捆绑销售。捆绑销售是将两个或两个以上的产品或服务打包出售的一种销售方式,根据不同的划分依据,捆绑具有多种方式。根据组件产品是否进行集成,可以将捆绑分为价格捆绑和产品捆绑两类。价格捆绑,即企业以折扣价销售两个及以上相互独立的产品,而不存在任何产品的集成,比如提供一个捆绑价格作为订阅两个杂志的订阅费。产品捆绑,即企业针对具体的产品进行捆绑,进行产品集成。一般而言,价格捆绑和产品捆绑作为两种独立的策略,企业可以酌情混合使用,以最大程度地匹配满足消费者的需求。

以使用两种出行模式的出行情况为例,跨模式联程内的出行方式可以被视为具有互补性的产品,互补产品的捆绑销售有利于提高用户效用,进而诱发更多出行需求。两种出行方式的需求受到自身价格、互补品价格以及互补程度的影响,MaaS 出行的需求需要进一步考虑捆绑定价模式的优惠程度。该模型以交通方式间的互补程度、两种交通方式的需求弹性以及交叉需求弹性为外生变量,确定运营商收益最大时的跨模式联程捆绑定价。

三、策略选取与收费模式

在制定套票类型和定价策略的过程中,运营商需要从众多的选项中选择最合适的组合。

在制定套票类型时,需精选最佳组合以契合市场需求,此过程通常遵循特定的设计流程。首先,对细分市场进行深入理解和分析,明确套票产品设计的目标和约束条件。接着,通过收集更新市场反馈来指导设计,根据设定的目标分析可行的套票策略,最终选择出最优方案。在执行这些策略时,需持续监控和评价效果,以确保其符合预期并不断优化。整个过程是一个不断迭代和优化的闭环,具体设计流程如图 3-6 所示,包括明确目标和约束条件、收集和更新市场反馈、分析可行策略、选择最优策略、执行策略、监控和评价。该过程体现了 MaaS 套票策略优化的系统性和循环性,确保设计出的套票策略能够有效满足市场需求并持续改进。

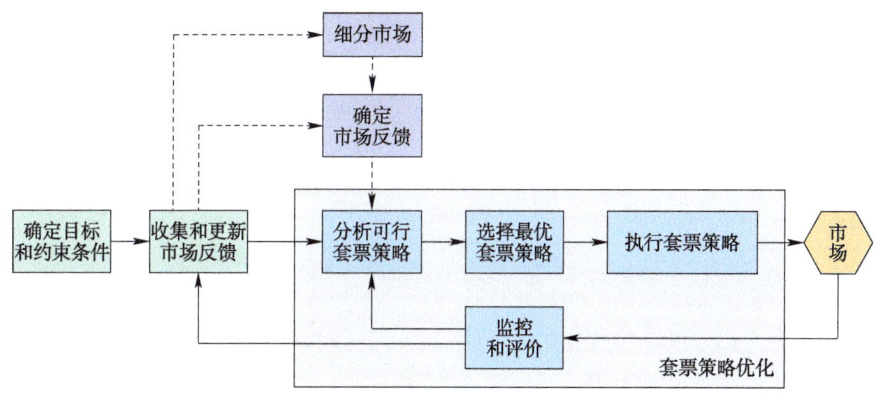

图 3-6　多元化套票产品设计流程

跨模式联程交通服务具备多样的票制与定价方法,相应也存在多种收费模式,如按需收费、基于订阅收费、即走即付收费等。这些收费模式旨在提升用户体验并简化支付流程。按需收费模式允许用户根据实际使用的交通服务支付费用,类似于传统的使用交通工具后的支付方式。按需收费模式通过统一的平台管理所有服务,使得用户在出行结束后收到一个总账单,汇总每一段的费用,仅需进行一次支付,类似于航运业中的"一单制",实现了出行者一次委托、费用一次结算的一体化出行服务。这种收费模式的优点在于简化支付流程,提升用户体验,更适用于出行较少或初次体验跨模式联程交通服务的用户,降低了用户尝试 MaaS 服务的门槛,让更多的用户愿意尝试使用并接受 MaaS 平台。基于订阅的收费模式则提供了一种更为固定和高效的服务方式,用户通过支付年费或月费,享受一定时间内的各种交通出行服务。这种模式简化了购票流程,提高了出行效率,并且可以根据服务等级和优惠类型进行分层,例如基础层可能只包括公共交通的无限次使用,而更高层则可能提供私人出租汽车等的使用费用折扣或其他项目的免费服务。这种收费模式是大部分现有的 MaaS 平台采取的主流模式,为频繁出行的用户提供丰富的出行选择。即走即付收费模式则是一种即时支付方式,乘客在完成行程后立即通过移动应用程序或其他电子支付手段完成支付,这种方式不仅便于乘客支付,也提高了运营效率,同时鼓励乘客选择公共交通和共享出行方式,减少私家车的使用,有助于减少交通拥堵和环境污染。MaaS 平台的发展能够有效促进各种定价、收费模式相互耦合,不断优化创新,以适应用户不断变化的交通需求和支付习惯。

第四章　新发展格局下MaaS公共治理

在科技创新与产业变革背景下，网约车、共享单车、汽车分时租赁、交旅融合等交通运输新业态和新模式快速发展、高效竞争，与传统交通运输模式共同构建了运输服务多元化发展新格局，给政府监管、企业运营和公众出行带来了新机遇和新挑战。MaaS 涵盖公共汽电车、城市轨道交通、巡游车、网约车、共享单车等多种交通模式，为优化资源配置、促进运输服务公平高效，应以“价值—信任—合作”为基本原则，建立政府—企业—社会组织—公众等多元主体协同合作的新型公共治理模式，明确各方权责关系、治理要点、主要任务，为新时期城市交通高质量发展提供保障。

第一节　MaaS 公共治理内涵

MaaS 公共治理是公共治理概念在出行服务领域的延伸和拓展，其内涵指政府、企业和公众以“价值—信任—合作”为基本原则，建立政府—企业—社会组织—公众等多元主体协同合作的新型公共治理模式，通过制定政策和规章制度，明确各方权责关系，监督、管理和评估 MaaS 出行服务，以实现优化资源配置、提高服务质量、促进运输服务公平高效、保障公共安全和环境可持续等目标，其涉及多元主体 MaaS 公共治理体系如图 4-1 所示。

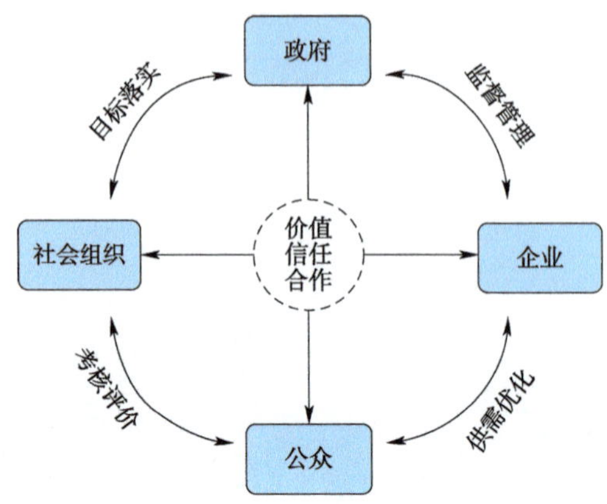

图 4-1 MaaS 公共治理体系

一、政府

政府在 MaaS 公共治理中担任领导者和促进者的角色。一方面,政府管理部门明确社会价值观,如绿色、可持续、安全、包容、公平等,通过制定和实施相关法规、政策以确保上述价值观念在 MaaS 公共治理中得到体现。另一方面,政府需搭建多方信任的沟通平台,促进政府、企业、社会组织和公众相互间的合作,协调好各方利益。

二、企业

企业在 MaaS 公共治理中的角色主要是服务提供者。企业基于社会价值观,提供满足公众需求的高品质出行服务,并通过负责任的运营来建立社会信任,如透明的定价和优质的运输服务,同时根据用户反馈,不断改进其服务。另外,企业还需主动与政府和社会组织合作,积极参与 MaaS 相关政策和标准规范制度的建设,确保与社会价值目标相一致。

三、社会组织

社会组织在 MaaS 公共治理中发挥着倡导者和协调者的作用。社会组织代表公众的利益,推动社会价值观在出行政策和服务实践中得以落实,如交通特殊群体的关怀等。通过收集和传播公众的反馈，社会组织可帮助各方之间建立互信，促进政府与公众之间的对话。同时，社会组织可以作为企业与公众之间合作的桥梁，推动形成合作共赢的出行解决方案，增强出行服务的社会接受度和可持续性。

四、公众

公众作为 MaaS 公共治理体系中最重要的参与者，扮演着消费者和反馈者的角色。通过使用出行服务，公众可以为企业提供宝贵的建议和意见，有助于提升服务品质。同时，公众通过积极参与出行相关政策意见反馈和制度听证会，促进决策透明化和服务大众化。

第二节　MaaS 公共治理要点

MaaS 公共治理涉及政府、企业、公众等多方利益主体的有效协调、个人隐私与数据安全、交通公平、权责划分、认知统一等一系列治理难题与挑战，其治理要点主要包括以下内容。

一、多方主体利益协调

MaaS 涉及政府管理部门、MaaS 服务运营商、各方式运输服务提供商、第三方技术提供商及公众等多个利益主体，需高效统筹各方资源、需求和利益，从系统最优的角度，基于“价值—信任—合作”原则，制定多方协同合作规则，有效协调、均衡各方利益，推动实现共同目标。

二、数据隐私与安全保障

MaaS 运营涉及海量数据资源，包括个体出行轨迹数据、身份认证、在线支付数据、交通流量数据等，存在被泄露、恶意攻击、窃取或篡改等风险，其个体隐私保护和数据安全性问题引发政府、企业、公众各方担忧。如何在确保用户隐私安全的同时合理利用数据,是 MaaS 治理的重要挑战。

三、出行服务可靠性与一致性

目前,各城市公共交通、共享单车、出租汽车(含网约车)等已形成相对完备的服务规则。在 MaaS 服务体系下,不同交通模式间因在支付、票务、预约等方面服务要求和规定各不相同,导致在各业务环节一体化服务衔接困难。政府管理部门需加快制定不同交通方式的支付、票务、预约、安全等方面的服务衔接互认规则,建立完善操作规范、清分结算、保险服务、责任认定、赔偿限额、标准规范等规则体系,保障不同交通模式间出行服务可靠性和一致性,推行一体化出行服务。

四、公平竞争市场环境

MaaS 服务运营商可能通过数据所有权或独家运营关系来独占运输服务市场,以此阻止新的服务运营商进入市场。在缺乏其他竞争者的情况下,用户几乎没有选择权,单一 MaaS 运输服务提供商可以不断提高终端用户的服务价格,新增的收入将成为 MaaS 运输服务商独占的利润,并不会分享给各运输服务提供商。因此,MaaS 公共治理需要充分考虑 MaaS 市场准入条件与退出机制、数据壁垒、运营服务要求等因素,创造公平竞争市场环境,有效防范 MaaS 服务运营商市场垄断情况。

五、联程运输服务权责划分

在 MaaS 系统中,不同运输服务提供商共同参与联程运输服务,当出现行程延误或取消、交通事故、服务投诉等情况时,需探索建立多主体责任划分机制,明确非正常情况下各主体的安全与服务责任,完善用户权益保障相关条款,解决服务保障不到位,用户信任度不高等问题。

六、出行公平性保障

目前,老年人出行“数字鸿沟”、服务残障人士的无障碍设施设备普及率不高、交通公平性服务意识相对薄弱等问题日益突出。在 MaaS 服务体系下,应强化对特殊群体交通公平性的关注度,加强政策引导和激励,满足老年人、残障人士、低收入人群等的出行需求,更新改造交通服务设施和载运工具、推出“一键叫车”、敬老爱老专线、专线预约等特色化服务,丰富其出行选择。

七、环境可持续性

目前,各地对于 MaaS 出行的定位认识不一,在构建以公共交通为主体的多层次出行体系,引导用户选择绿色低碳出行方面仍存在一定不足。为贯彻落实国家“双碳”战略目标,政府应加强政策引导,建立绿色出行激励机制,鼓励企业开设个体绿色出行碳积分账户,推广碳普惠等模式经验,积极探索能将“双碳”战略目标与个体行为建立实物化、价值化关联关系的创新应用模式,减少私家车、网约车等个体机动化交通出行强度,促进交通可持续发展。

第三节　MaaS 公共治理主要任务

MaaS 公共治理对于推进交通运输治理体系现代化、加快建设交通强国具有重要意义。2020 年 10 月,交通运输部发布《关于推进交通运输治理体系和治理能力现代化若干问题的意见》(交政研发〔2020〕96 号),从建立健全交通运输法治体系、完善交通运输行政管理体系、完善交通运输市场治理体系、完善交通运输社会协同共治体系等十四个方面系统阐述了推进交通运输治理的重点任务。基于上述十四个方面的重点任务,基于 MaaS 公共治理内涵和要点,梳理 MaaS 公共治理的主要任务,其框架如图 4-2 所示。

一、目标层

MaaS 公共治理根本目标在于构建“协调、安全、创新、可持续、公平、满意”的出行服务体系,促进各类交通模式运输服务资源的整合与优化,提升运输效率、改善用户体验、促进交通公平、可持续发展,其治理范畴涵盖制度、技术、数据、服务等各方面。

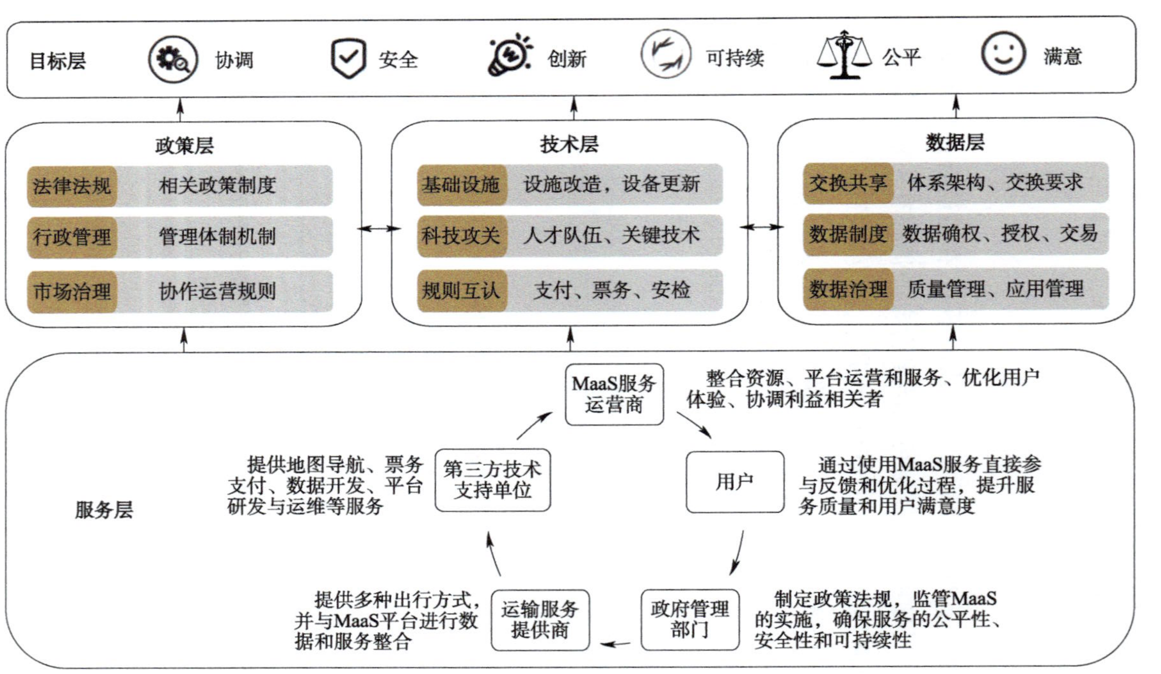

图 4-2　MaaS 公共治理主要任务框架

二、政策层

一是制定与 MaaS 发展相协调的政策体系,涵盖平台经营服务要求、票制票价调整、数据开放共享、用户隐私保护、服务质量考核、绿色出行激励、信用评价、无障碍出行等方面,推动 MaaS 高质量、可持续发展。二是建立跨部门监管体制机制,明确各部门在 MaaS 服务体系中的角色和职责,协调、监督和管理 MaaS 运营与服务。三是构建各利益主体协同合作机制,明确共同愿景和目标、数据交换共享要求、清分结算规则、利益分配规则、安全责任划分、服务质量要求、协同运营调度与应急联动机制等内容。

三、技术层

一是推进数字化基础设施建设,包括感知监测终端、业务敏捷应用、对外开放与交互服务等方面,为数字化运营、服务提供技术支撑。二是加大对运营服务关键技术体系科技攻关,包括海量并发联程规划、多方式实时组织优化与运营调度、精准信息服务等关键技术,强化人才队伍建设,加大科研资金投入,支持技术研发和创新应用,鼓励科技成果转化。三是研究制定不同交通方式在支付、票务、预约、安全等方面服务衔接互认规则,建立完善操作规范、清分结算、保险服务、责任认定、赔偿限额、标准规范等规则体系,推进多式联程一体化服务。

四、数据层

一是推动数据共享平台建设,实现跨方式、跨部门数据互联互通。推动建设数据共享平台,建立不同层级数据共享机制,打破方式间、部门间"信息孤岛"和"数据烟囱",支撑实现全链条、全场景、全过程一体化出行服务。二是明确数据基础制度。探索交通出行领域内数据产权确权、流通和交易、收益分配等关键环节的落地政策。探索建立公共部门交通基础数据、企业运营数据、个人出行数据确权授权机制,充分发挥客流、轨迹、支付等海量数据规模和出行领域丰富应用场景优势,实现数据要素价值、激活数据要素潜能。三是构建全面的数据治理框架,明确数据治理的目标、策略、标准、流程和责任,建立数据监管机制和算法评估、审查机制,定期进行数据隐私风险评估、漏洞检测、大数据算法监管,保证数据全过程监测和评估,确保数据质量、安全以及算法合规性。

五、服务层

一是制定协调、统一的运营服务标准,明确各经营者、运输车辆、服务人员、服务站点布局与设置、设施设备、运营服务、安全措施、紧急情况处置、服务评价与投诉处理等要求,保证 MaaS 服务质量。二是建立运力协同调度、异动应急信息联动机制,不断拓展提升多交通模式间协同运营和服务能力,加强不同运营主体间运力协同调度、异动信息和突发事件应急联动、订单联动预约,提高各业务环节运营效率,降低运营成本,提升系统整体效能。三是建立服务质量监测与评估体系及出行过程反馈机制,加强对各运输服务运营商、MaaS 服务运营商等出行服务质量监督和评估,并为用户提供直接反馈的渠道,不断提升出行服务品质,大幅改善出行体验,提高用户满意度。

第五章 新信息技术下MaaS效能表征与评估

效能表征与评估是推动完善 MaaS 系统建设运营的重要依据。然而,由于 MaaS 系统涉及企业、用户、政府等多个主体,且涵盖公共汽电车、城市轨道交通、巡游出租汽车、网约车、共享单车等多种交通模式,MaaS 效能表征与评估面临全面、准确、公平、高效等多个维度的综合考量与多重挑战。近年来,移动互联网、区块链、物联网、大数据等新一代信息技术的快速发展为解决上述挑战提供了可能,并给 MaaS 效能表征与评估提供了更多选择。本章在系统研究 MaaS 服务效能与表征评估体系的基础上,具体阐述了区块链技术和大数据在服务满意度测评和全链出行碳评估中的典型应用,为 MaaS 实施效果评估提供理论支撑和实践指导。

第一节 MaaS 服务效能表征与评估体系

MaaS 的建设和发展承载了降低小汽车保有量,增加城市公共交通使用,减少城市交通拥堵以及节约能源保护环境等美好愿景,但作为众多交通子系统的整合平台,MaaS 背景下城市居民的出行方式选择更加多样、个体出行行为更加复杂,交通方式会产生不可预计的需求转移。如果发展目标不明,或者发展路径存在偏差,都无法实现 MaaS 的发展愿景。例如,更多的出行方式整合是否会引发居民由步行和自行车出行转向公共交通，由公共交通转向汽车共享这类逆向的出行选择变化，从而降低出行共享率，增加交通拥堵，加重环境污染。

目前，从国内外已建成的 MaaS 项目来看，真正全面实现 MaaS 益处的案例很少，取得效果及发展程度尚待论证。MaaS 作为智慧城市中的新兴服务业态，影响着城市出行方式，城市的交通出行管理方式、交通状况和城市环境，并对城市社会、经济活动运行存在潜在影响。在各地 MaaS 项目基本功能逐步建设完善的过程中，对 MaaS 发展进行全维度、科学的效果评价，有助于坚定强化 MaaS 发展目标，正确引导 MaaS 的发展路径，正面发挥其承载的使命。同时也有利于 MaaS 参与主体明确各自责任、义务与收益，协同发展，共同推进成熟 MaaS 体系的建立。

根据 MaaS 系统参与主体的概念及主体之间的关系，分别从企业、用户和政府维度建立 MaaS 服务效能评估指标体系。企业代表了出行服务供应企业，向城市居民提供交通服务以实现出行者灵活多样的出行需求；用户是居住和工作在城市范围的居民，是 MaaS 平台中的终端消费者，用户根据其自身的经济条件，基于对舒适程度和时间价值的要求选择不同出行方式；政府代表了城市管理部门及交通相关部门，其目标在于最大化社会福利，平衡城市交通供给和需求，优化城市交通资源和设施配置，制定各种交通政策，以达到交通可持续发展、节能减排的目的。

如图 5-1 所示，政府在交通政策制定、基础设施建设、城市发展规划、居民出行权益保障过程中处于主导地位，通过制定和实施不同的政策来保障 MaaS 发展。出行服务企业通过 MaaS 平台为用户提供不同的交通方式选择，并利用 MaaS 引流客源，优化资源配置，提升信息化水平，降本增效，提升运营效能。城市居民在政府政策和企业优质服务的双重作用下，信赖 MaaS 平台，收获更好的出行体验，调整出行习惯，贡献更多绿色出行。在三者的相互作用过程中实现了社会效能、经济效能和环境效能的综合提升。经济效能是 MaaS 体系可持续发展的源头，是社会效能和环境效能实现的物质保障；社会效能和环境效能是城市 MaaS 出行服务系统的价值升华，提升了政府和城市居民对 MaaS 价值的认可，能够促发更大的经济效能。这三者相互作用，相互影响，协调发展共同推动 MaaS 系统的可持续健康发展。

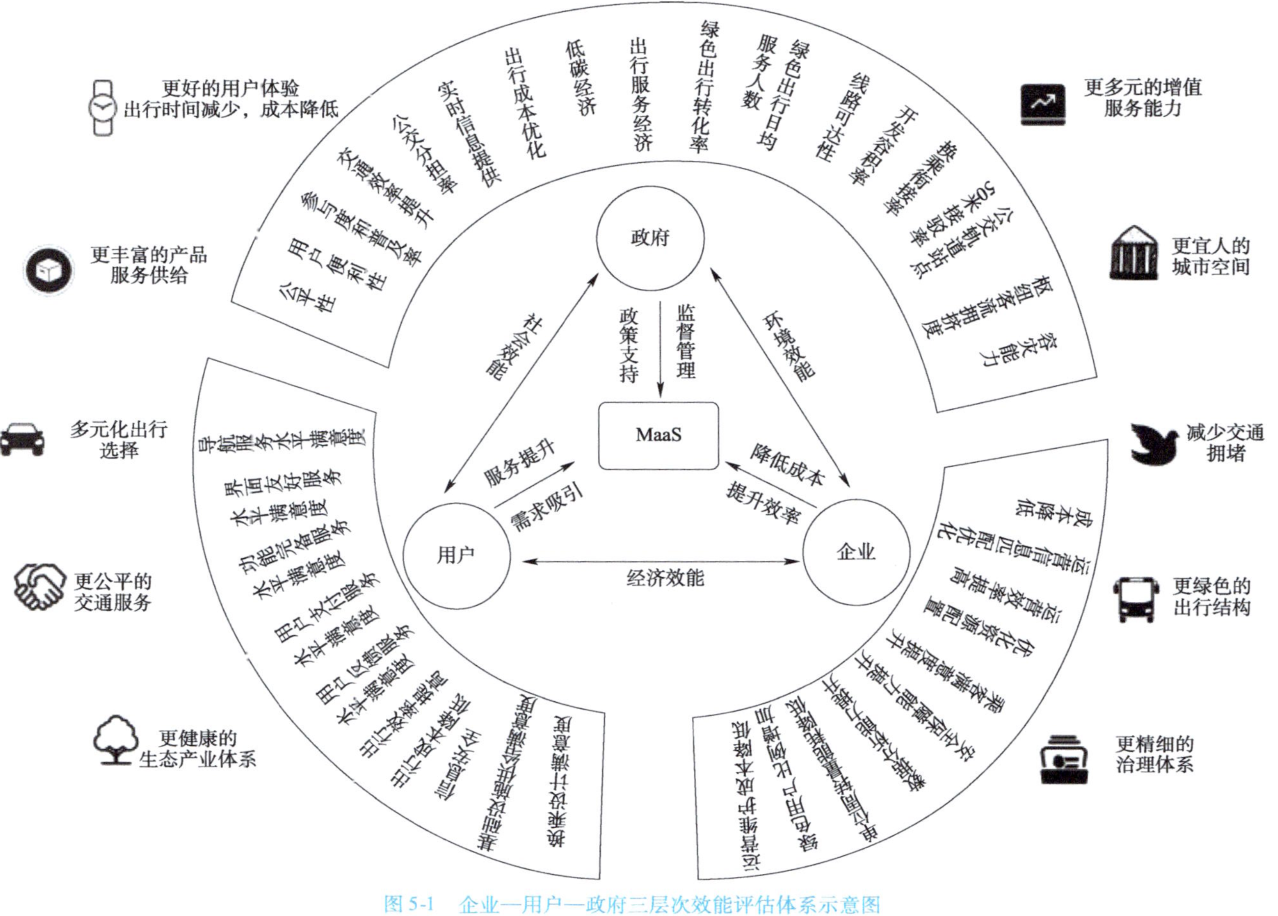

图 5-1　企业—用户—政府三层次效能评估体系示意图

本节从企业、用户和政府三个维度出发构建城市 MaaS 服务效能指标体系，建立指标结构和具体定义。便于把握各城市 MaaS 体系的建设程度、发展效果现状、各维度存在的问题和短板，以及在同类城市间进行比较，以便在 MaaS 未来迭代过程中，为打造更好的服务品质和用户体验，探寻政府层面和企业运营层面的优化方向提供参考。

一、企业运营效能评估指标

MaaS 服务不改变交通系统，而是将已有的出行服务整合在一起，为用户提供灵活便利的组合出行服务。MaaS 平台能够吸引更多出行服务供应企业加入的前提，是企业在 MaaS 体系中能够获得更加广阔的发展空间、更加健康的发展路径。出行服务供应企业既是 MaaS 服务的承载者，又是 MaaS 理念落地的具体实践者。一方面，企业在 MaaS 体系中获益，才能提供用户满意的服务；另一方面，企业健康经营才能保障 MaaS 生态系统的整体运作和发展。

企业获益来源之一是 MaaS 服务为其运营提供了更多的客源和出行服务商业机会。MaaS 系统中包含了运营常规公交、轨道交通、出租汽车、共享交通等出行服务供应企业，MaaS 平台主要为各种交通方式运营商之间提供合作运营的商业机会，合作关系如各种方式之间的换乘合作、票价优惠等。每种交通方式都因其自身特性而在一定的出行距离范围内具有竞争优势，有相对固定的用户群体，MaaS 服务主要为各出行服务供应企业打破固有业务范围，增加客运主体之间客源相互引流的机会。MaaS 服务体系中的合作运营一方面会促使各运营企业提高服务水平，让乘客出行更加安全、舒适、满意；另一方面会促进城市客运交通市场的健康、稳定发展。除此以外，企业获益来源还更多地体现在提高经营效能，降本提质增效等健康经营方面。出行服务供应企业加入 MaaS 后能够通过平台数据底座赋予信息化能力降低运营成本、提高经营效能，通过 MaaS 生态体系的基础设施改良、服务功能优化从而提升客流运输效率、交通运作和服务体验、客流吸引力。

综合以上分析，出行服务供应企业的健康发展模式是抓住 MaaS 体系提供的机会，拓展市场、增加收益。因此，经营过程中降本提质增效是制定出行服务供应企业评价指标的基本原则。指标选取重点考虑运营成本、运营效率、服务品质、可持续发展四大因素，见表 5-1。

企业运营效能评估指标 表5-1

一级指标	二级指标	定义
运营成本降低	运营维护成本	使用MaaS平台提高车辆利用率,降低空驶率,减少燃油消耗和维护成本
	运营信息匹配优化成本	使用技术手段提升MaaS平台的信息与用户的匹配效率与质量从而降低投入的总成本
运营效率提高	出行效率	MaaS平台通过整合多种出行方式,为用户提供一站式出行服务,从而简化出行流程,提高出行效率
	优化资源配置	MaaS平台根据用户的需求和实时交通状况,智能调配各种出行资源,实现资源的最大化利用,避免资源浪费
服务品质提升	乘客满意度	MaaS用户对MaaS平台的满意程度提升
	安全保障能力	MaaS平台服务区域内,行车责任事故次数减少
	数据分析能力	MaaS平台收集分析大量的出行数据,更好地了解用户的出行习惯和需求,为未来的出行服务优化提供有力支持
可持续发展	单位周转量能耗	用户使用MaaS平台组合出行,实现公交优先的目标,降低单位周转量能耗以降低对环境的污染程度
	绿色出行用户比例	平台企业因MaaS增加的活跃用户数占总活跃用户数的比例

1. 运营成本降低

运营成本降低是企业运营效能优化的主要目标,其成本组成包括运营信息匹配优化成本、运营维护成本,MaaS发展需要充分考虑企业发展目标,所以应从运营成本层面提炼企业指标,以评价企业在MaaS平台发展过程中整体表现。

2. 运营效率提高

运营效率是评价交通网络运营效能的指标,是研究MaaS中各交通方式运营主体相互间运行状况、衔接能力、分担水平等的基础。由此提出出行效率和优化资源配置两个指标,以便于更加高效地评价MaaS平台的运行状况,为科学制定运营策略和优化方案做好保障。

3. 服务品质提升

乘客是出行服务供应企业的服务对象,乘客满意是MaaS发展的起点和落脚点。服务品质极大程度影响着客流,并间接影响着出行服务供应企业的运营效率,所以需从服务品质对乘客吸引力层面考虑企业效能指标。提出乘客满意度、安全保障能力和数据分析能力等指标,以此来全面评估 MaaS 平台的服务质量。

4. 可持续发展

MaaS 的发展目标是通过非私家车的多种出行方式衔接实现经济便捷的点对点出行,其中无论是公共交通还是共享交通都是环境友好的低碳出行方式。MaaS 体系将通过促进绿色出行客流增长带动出行服务供应企业的出行能源消耗效率,因此提出单位周转量能耗和绿色出行用户指标,表征企业运营效能的长期发展指标。

二、用户出行体验评估指标

是否能够吸引更多用户使用,是评价 MaaS 项目优劣的基本原则,也是 MaaS 经济效能、社会效能和环境效能等实现的基础。MaaS 的服务优势在于通过一个服务平台整合多种交通方式,为城市居民提供自由组合、灵活多样的出行服务。但出行方式多样性不是城市居民最关心的利益点,对用户而言,出行体验永远是第一位的。无论出行方式简单还是复杂,MaaS 服务能够为用户提供经济、快速、舒适等感知价值,让用户满意,是吸引用户使用的关键。

MaaS 平台可以为出行用户提供的价值包括如下几个方面。首先,出行平台让出行更加便捷。用户可以在平台实现所有出行需求,极大地简化了出行流程。其次,多样化服务更方便满足个性化出行需求。平台基于大数据技术进行资源优化和决策,为用户提供个性化的出行方案。MaaS 为不同出行需求或偏好的客户提供他们所需的定制交通方案,有效地优化了用户的出行体验。再次,节约出行成本。无论是基于时间还是费用,MaaS 都能实现最优出行方案的动态推荐,最大程度节约出行成本。最后,数字化服务体验。MaaS 还提供了一体化移动支付等新方法,使得出行服务更加灵活、高效和经济。

综合以上分析,用户出行体验的提升是制定 MaaS 用户效能评价指标的基本原则。指标选取重点考虑出行便捷性、高效性、经济性和安全性等用户体验要素,见表 5-2。

用户出行体验评估指标　　表5-2

一级指标	二级指标	定义
便捷性	换乘设计水平满意度	用户实际出行接驳换乘时对换乘距离、换乘时耗的满意度
	基础设施供给水平满意度	用户对轨道、单车、公交、出租汽车(含网约车)的基础设施供给,“轨道+”多场景接驳的基础设施建设情况的满意度
	导航服务水平满意度	在伴随导航阶段,用户对导航功能的准确性、可信性等服务水平的满意度
	界面友好水平满意度	MaaS平台的界面设计的易用性、移植性、高效性和友好性的满意度
	功能完备水平满意度	MaaS提供的规划、导航等相应功能的能力完备情况以及用户目标的覆盖程度的满意度
	用户反馈水平满意度	用户对MaaS服务情况的评价、投诉等反馈机制的服务水平满意度
	用户支付水平满意度	MaaS平台停车费、共享单车骑行费、公共交通票务支付等服务功能的落地程度,多支付平台兼容程度和全流程支付服务满意度
高效性	出行效率	MaaS用户因使用MaaS平台提供的优化路线和出行方式建议,缩短的平均出行时间
经济性	出行成本	MaaS用户因使用MaaS平台降低的平均出行成本
安全性	信息安全	使用MaaS平台出行过程中的数据安全程度

1.便捷性

便捷性不仅能够显著提高用户使用平台的满意度,而且能够增强用户对平台的信任感,从而推动用户持续使用意愿。基于此提出了七个具体的指标:换乘设计水平满意度、基础设施供给水平满意度、导航服务水平满意度、界面友好水平满意度、功能完备性水平满意度、用户反馈水平满意度和用户支付水平满意度。这些指标全面评估 MaaS 出行服务在便捷性方面的表现，由此不断优化服务，提升用户体验。

2. 高效性

MaaS 平台帮助用户降低出行时间成本，减少交通系统拥堵，缓解城市交通压力。当出行变得更加高效时，人们更倾向于选择公共交通工具或绿色出行方式。由此提出出行效率提高指标来评价 MaaS 高效性方面的用户体验和满意度情况。

3. 经济性

经济性直接关系到出行成本，进而影响出行决策。当用户感受到使用 MaaS 平台在价格上更经济实惠时，那么他们就更倾向于选择 MaaS 平台，以节省开支。因此提出出行成本指标来评价出行服务的经济性方面的用户体验和满意度情况。

4. 安全性

安全性是构建用户信任的基石。用户选择任何交通出行服务，首要考虑的就是其是否能保障自身的安全。基于此，提出信息安全指标来评价出行服务的安全性方面的用户体验和满意度情况。

三、政府保障与监管职责评估指标

政府在交通政策制定、基础设施建设、城市发展规划、居民出行权益保障过程中处于主导地位，通过制定和实施不同的政策以保障 MaaS 发展。考虑 MaaS 在减少小汽车保有量、鼓励绿色出行、提高出行服务企业运营效率、保障特殊群体出行权益等方面具有正面的促进作用。政府管理部门需通过提供资源和制度保障帮助实现 MaaS 的良好实施。同时为了保证 MaaS 体系对城市发展发挥正面影响，保证 MaaS 影响的可持续性，以及 MaaS 体系对城市交通系统实时改变的维护，政府管理部门应对 MaaS 平台的实施应用情况进行监督管理。

综上所述，政府的作用主要集中在保障 MaaS 系统的社会效益、经济效益、环境效益的发挥层面，以及对 MaaS 系统建设发展程度和安全性的监管，以此建立政府保障与监管职责评估指标体系，见表 5-3。

政府保障与监管职责评估指标 表 5-3

一级指标	二级指标	定义
社会效益	公平性	用户对 MaaS 平台提供的服务惠及老弱病残孕满意程度
	用户便利性	用户使用 MaaS 平台获得出行服务时的便捷程度，包括用户界面友好性、操作简便性、服务响应速度等
	实时信息提供	MaaS 平台能够提供实时准确的出行信息，包括交通状况、车辆位置、预计到达时间等
	交通效率提升	通过使用 MaaS 平台的应用提升交通效率，减少拥堵时间，提高道路容量
	参与度和普及率	衡量公众对 MaaS 平台服务的接受程度和使用率，该指标可以反映服务的普及情况和市场需求
	公交分担率	即公共交通在城市机动化交通出行中的比例，体现公共交通在城市交通系统中的竞争力强弱
经济效益	出行成本优化	MaaS 平台能够帮助用户优化出行成本，提供经济合理的出行方案
	低碳经济	用户使用 MaaS 平台减少煤炭、石油等高碳能源消耗和温室气体排放的用量
	出行服务经济	公共交通系统中票价合理性、政府补贴效率及公共交通系统对地方经济发展的贡献程度
环境效益	绿色出行转化率	MaaS 平台小汽车依赖用户转化为绿色出行用户的比例
	MaaS 绿色出行日均服务人数	日均使用 MaaS 平台提供的绿色出行服务功能的人数
建设程度	线路可达性	路网中线路布设的覆盖程度
	开发容积率	轨道交通综合体总建筑面积/用地面积
	换乘衔接率	地铁与常规公交等公共交通方式及私人汽车、出租汽车、自行车等其他交通方式的衔接程度
	公交轨道站点 50m 接驳率	轨道车站出入口周边 50m 范围内设有公交站点的比例
安全性	枢纽客流拥挤度	MaaS 换乘枢纽客流拥挤状态
	容灾能力	MaaS 系统的服务遭遇极端天气、紧急事件等情况时，仍具备防御力、恢复力和适应力

1. 社会效益

MaaS 系统的出现有助于获得社会、经济、环境的综合效能的可持续提升。在社会效益方面,MaaS 系统需照顾到不同群体的出行需求,特别是老年人、残疾人等特殊群体,实现城市交通的包容性。降低改善出行服务获取门槛,提升用户出行信息化的能力,提升低成本公共交通的使用率,改善交通系统的出行效率,保证整个城市各类群体的出行权益。

2. 经济效益

一方面,政府通过 MaaS 系统打造数字底座更有效地管理城市交通,优化交通结构,提高市民的出行效率,助力城市经济微循环。另一方面,MaaS 通过平台经济思维,将个人出行碳排放交易、出行服务运营商和出行增值服务商绑定至同一平台,打造出行服务生态体系,助力低碳经济和出行服务经济的发展。此外,MaaS 系统的实施需要公共部门与私营部门的紧密合作。合作模式不仅可以推动技术创新和交通产业升级,有助于提升城市的数字化治理效率和水平,而且能够促进与交通出行相关的商业发展。

3. 环境效益

在环境效益方面,MaaS 服务平台以减少出行者对私家车的购买和使用为初始目标,模式上以提供公共交通和共享交通为主,以高品质服务和信息化培养用户的低碳出行习惯。需做到通过提供便捷、舒适的共享交通服务,鼓励用户使用绿色环保出行方式,以达到减少交通拥堵和碳排放的初衷。

4. 建设程度

评价 MaaS 平台的建设情况是监督和指导 MaaS 服务发展的重要手段。通过评估线路可达性、开发容积率、换乘衔接率和公交轨道站点 50m 接驳率等指标,可以全面了解 MaaS 建设发展的现状和问题,补偏救弊。同时为 MaaS 平台未来的优化迭代规划提供依据。

5. 安全性

针对 MaaS 平台安全性展开监管评价是推动其健康有序发展的关键举措。通过评价枢纽客流拥挤度和容灾能力,可以督促 MaaS 平台加强内部管理,确保乘客在享受便捷服务的同时,其个人安全得到切实保障。

第二节 基于区块链的 MaaS 服务满意度测评

区块链概念起源于化名为“中本聪”(Satoshi Nakamoto)的学者在 2008 年发表的奠基性论文《比特币:一种点对点式的电子现金系统》。区块链技术本质上是一个去中心化的分布式数据库,是点对点传输、共识协议和加密算法等计算机技术的融合应用。区块链技术的核心优势是去中心化,能够通过运用数据加密、时间戳、分布式共识和经济激励等手段,在节点无需互相信任的分布式系统中实现基于去中心化信用的点对点交易、协调与协作,从而为解决中心化机构普遍存在的高成本、低效率、数据存储不安全等问题提供了可行方案。

一、基于区块链的 MaaS 服务满意度评价模式设计

MaaS 用户服务评价涉及的参与主体众多,主要有乘客、MaaS 服务运营商、交通运营商、政府管理部门等。为了防止 MaaS 服务运营商或交通运营商篡改评价数据,解决多参与主体间的信任问题,基于区块链去中心化的技术特点,构建 MaaS 用户服务可信评价模式,如图 5-2 所示。

在该模式下,需构建基于区块链的 MaaS 服务满意度评价系统,开展交通出行用户满意度评价。为保证整个评价流程中数据和规则的可信性,系统的各业务模块,如参数配置、评价指标、用户评价结果清算、评价查询等,均采用智能合约实现。

(1)政府管理部门作为监管机构,是 MaaS 生态体系中不同类型运营参与者服务评估制度体系的发起者与制定者,可通过系统及时调整评价指标、评价标准、评价方法等评估规则,并依托 MaaS 平台实时获取评价结果数据,作为考核评估 MaaS 服务质量的重要参考。

(2)MaaS 服务运营商和参与合作的交通运营商均可作为区块链节点,按照政府行业管理部门制定的服务评估制度体系,成为服务评价数据的记录者及评价活动的共同监督者。

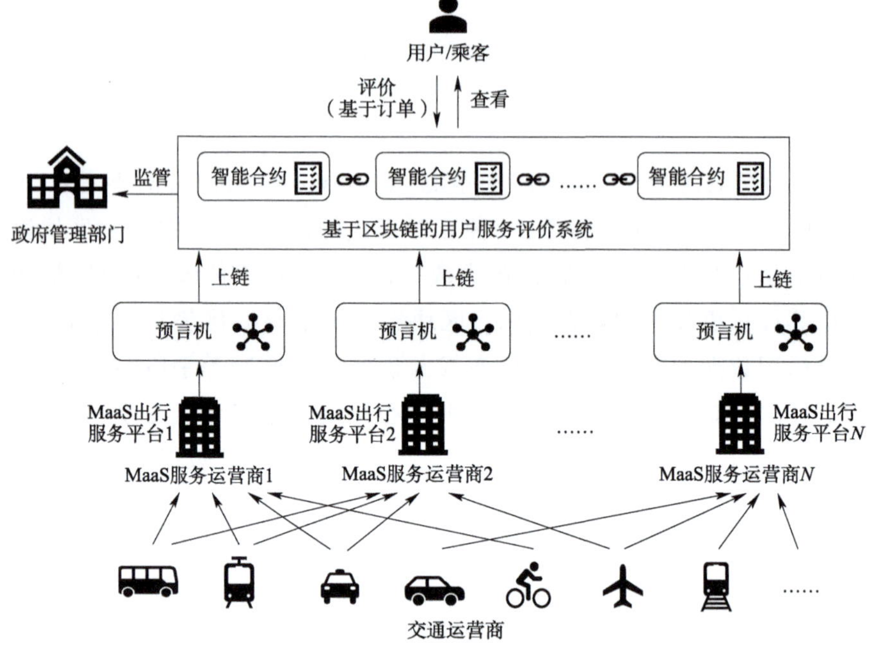

图 5-2　基于区块链的 MaaS 用户服务可信评价模式

(3)乘客作为评价主体,主要进行实时订单的线上评价和评价结果查看,在选择出行规划方案时可根据线路、车辆以及服务商等评价情况选择最佳出行方案;交通运营商与 MaaS 服务运营商作为被评价对象,可配合政府管理部门参与制定评价规则、实时查看评价结果并及时优化和改善服务。

二、基于区块链的 MaaS 乘客满意度评价系统研究

为了在实践中更好地推广 MaaS 用户服务可信评价模式,本节以乘客满意度评价场景为例,设计了一套基于区块链的 MaaS 乘客满意度评价系统。

1. 业务需求与流程

MaaS 乘客满意度评价的参与主体主要有乘客、MaaS 服务运营商、交通运营商和政府管理部门,MaaS 服务评价业务流程如图 5-3 所示。

(1)政府管理部门负责确定系统评价规则,如评价指标内容、计算方法、评价模型、指标权重和评价标准等方面的内容,将规则上传至区块链。

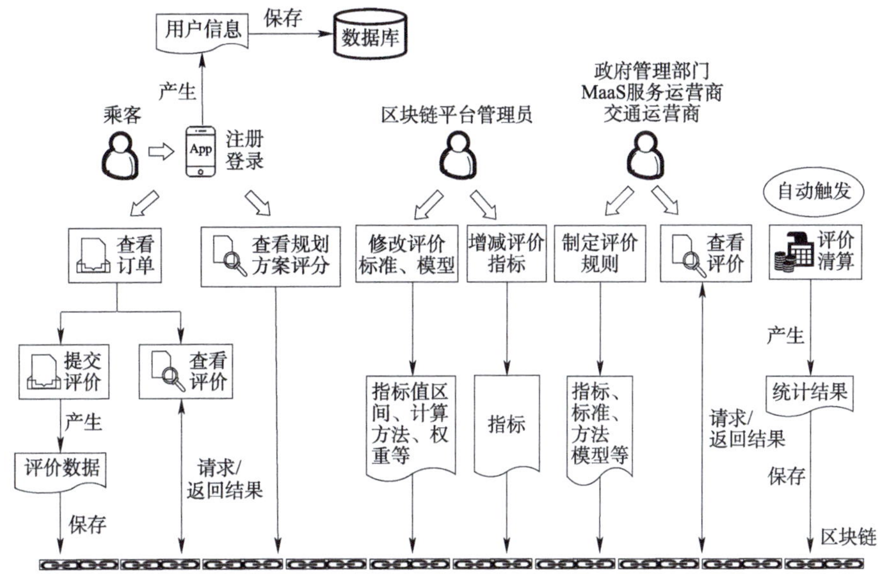

图 5-3　MaaS 服务评价业务流程图

(2)乘客通过订单提交用户服务评价,原始的评价数据保存至区块链。

(3)系统每天自动执行用户评价结果清算,对原始的评价数据进行统计,得出每条线路或车辆、交通运营商或 MaaS 服务运营商的评价指标分项评分和总评分,保存至区块链。

(4)所有参与主体均可查看原始评价数据和评价结果。

2. 系统技术架构

系统采用数据层、网络层、共识层、合约层与应用层组成的 5 层技术架构构建 MaaS 乘客满意度评价系统,如图 5-4 所示。

(1)数据层,采用“区块 + 链表”的数据结构,主要存储满意度评价数据、评价清分统计数据。

(2)网络层,采用个人对个人(peer-to-peer lending, P2P)技术,同时具备传播机制与验证机制,当某节点创造出新的区块后,可以通过广播的形式通知其他节点,所有节点可对新增区块的有效性进行验证。

(3)共识层,鉴于数据处理速度与区块存储一致性需求,采用实用拜占庭容错(Practical Byzantine Fault Tolerance, PBFT)共识算法。

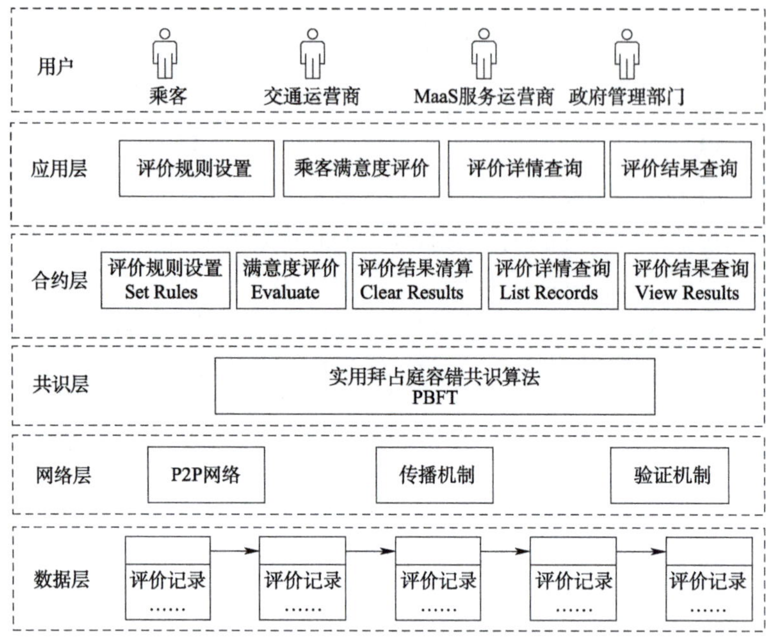

图 5-4　基于区块链的 MaaS 乘客满意度评价系统技术架构

(4)合约层,将 MaaS 服务运营商和各交通运营商等共同商定的评价方法,包括评价规则设置、评价结果清算、评价结果查询等,通过编码形成智能合约。

(5)应用层,乘客、交通运营商、MaaS 服务运营商、政府管理部门可通过区块链的应用服务开展满意度评价规则设置、评价指标、评价结果查询等活动。

3. 系统功能设计

系统主要包括权限管理、评价、评价清算、评价查询和参数配置等功能,其中评价、评价清算和评价查询为系统核心模块,权限管理和参数配置为辅助模块,如图 5-5 所示。

(1)权限管理。

按照基于角色的访问控制(Role-Based Access Control, RBAC)模式,针对乘客、MaaS 服务运营商、交通运营商、政府管理部门和系统管理员等不同角色设置不同的权限,见表 5-4。

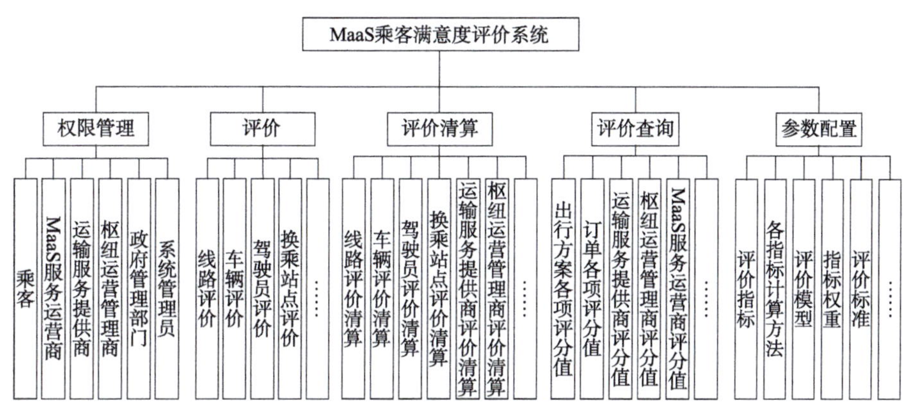

图 5-5 系统功能模块结构图

角色权限管理 表 5-4

角色名称	可访问的功能
乘客	登录 App、进行评价、查看订单(个人发表的)评价、查看出行方案各项指标(如线路、车辆、驾驶员、运输服务提供商等)评分情况
MaaS 服务运营商	登录电脑端网页、查看评价(所有线路、车辆、驾驶员、运输服务提供商等评价情况)、查看每位乘客的评价详情
交通运营商	登录电脑端网页、查询评价(本公司的所有线路、车辆、驾驶员等评价情况)、查看订单中每位乘客的评价详情
政府管理部门	登录电脑端网页、查看评价(所有线路、车辆、驾驶员、运输服务提供商、MaaS 服务提供商等评价情况)、查看每位乘客的评价详情
系统管理员	登录 App,配置参数、设置管理权限

(2)评价。

乘客在订单结束后根据评价指标对所乘坐的线路、车辆、驾驶员、换乘站点以及提供服务的运营商等方面进行评价。用户应用程序(Application, App)端调用后台的智能合约,将上述评价信息存储在区块链的评价原始数据变量中。

(3)评价清算。

在乘客提交评价数据后,根据配置的清分时间,后台触发智能合约根据评价模型统计计算各项综合评价得分,将清算后的结果(一天的数据)写入区块链的清算结果变量中。

(4)评价查询。

乘客在选择规划路线时,可随时查看规划路线所涉及的线路、车辆、驾驶员、换乘枢纽以及提供服务的运营商的评价得分情况,根据评分情况选择最佳的出行方案;同时也可随时查看所完成订单的自身评价情况。由于查询的评分来自区块链的清算结果变量,无法被篡改,因此能为乘客提供可信的服务质量参考。

(5)参数配置。

系统管理员可在后台进行评价规则配置,如评价指标、指标计算方法、评价模型、指标权重、评价标准以及评分的每日清分结算起始时间、查询条件中的默认起止日期、默认清算周期等内容。其中的评价指标、指标权重、指标计算方法和评价模型以智能合约方式实现,从而确保评价规则的公开透明。由于区块链不支持数据修改,可通过追加的方式对参数进行新增、删除和修改,默认查询返回最新的结果,实现对关键参数的追溯。

第三节 MaaS 环境下全链出行碳评估

以 MaaS 平台所监测的海量多源异构数据为基础底座,建立多模式交通碳排放计算算法库与动态碳排放因子库,提出多模式交通碳排放计算方法,实现对每一次个体出行的碳足迹与碳减排的精确核算,最后,在量化个体出行链碳足迹的基础上,基于聚类模型构建个体出行链碳足迹画像,研究方法模型如图 5-6所示。

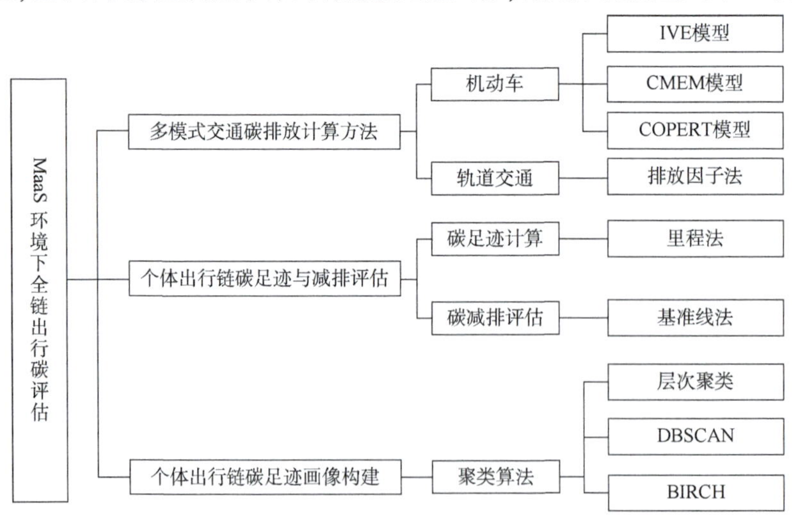

图 5-6 全链出行碳评估研究方法模型图

一、多模式交通碳排放计算方法

为精确测算和评估城市个体在单次出行中的碳排放情况，本节针对不同的交通方式，构建了对应的碳排放计算模型。此外，还需获取不同交通方式的碳排放因子以及出行中的人公里排放因子。碳排放因子库存储了不同出行方式的碳排放因子，可精准计算交通碳排放量；人公里排放因子是衡量单位距离上人均碳排放的指标，是计算出行段碳排放量的重要参数。在出行链中，对于用户采用汽车或公共汽电车出行时，使用基于平均速度的碳足迹核算方法计算其碳排放；对于地铁出行，确定其人公里排放因子，使用基于总出行里程的碳足迹核算方法计算其碳排放；对于步行和自行车出行，不计算其碳排放。多模式交通碳排放计算流程如图 5-7 所示。

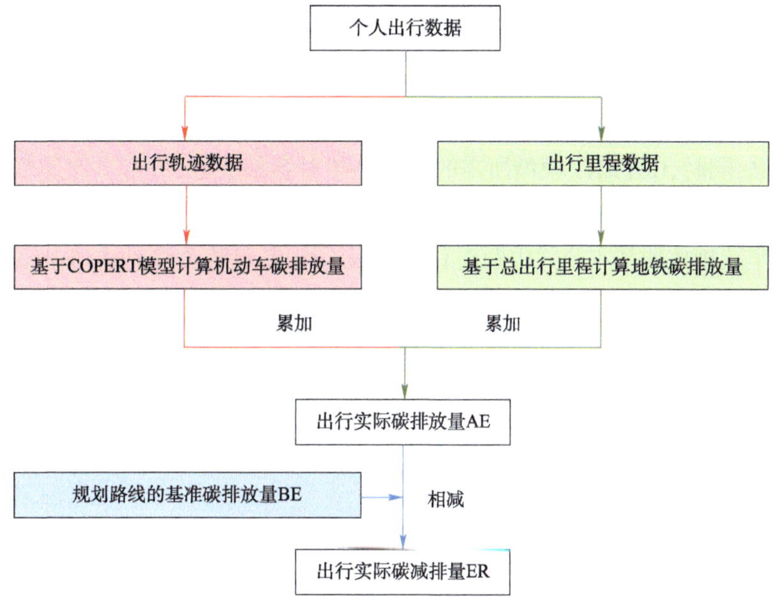

图 5-7　多模式交通碳排放计算流程图

1. 机动车出行碳排放计算模型

目前，应用最广泛的机动车排放模型有国际车辆排放模型（International Vehicle Emissions Model, IVE）、道路运输排放因子模型（Computer Programme to calculate Emissions from Road Transport, COPERT）、机动车排放仿真模型（Motor

Vehicle Emission Simulator, MOVES)、微观综合模式排放模型(Comprehensive Modal Emission Model, CMEM),各模型的特点和适用范围见表5-5。

机动车出行碳排放计算模型对比分析 表5-5

模型名称	特点	适用范围
IVE	考虑不同国家道路条件、车辆技术和燃料使用特性,能提供详尽分析	适用于车辆技术和交通状况与发达国家差异较大的发展中国家
COPERT	考虑欧洲车辆技术和排放标准,准确预测欧洲国家的道路交通排放,具有高精度和定期更新的特性	针对欧洲道路交通的特定排放计算而开发,被广泛应用于官方环境政策制定和科学研究中
MOVES	侧重于评估不同排放控制策略对空气质量的潜在影响	主要预测美国道路车辆的碳排放,适合于制定和评估美国的交通排放政策
CMEM	能够模拟单一车辆的排放,基于实时驾驶数据和车辆操作参数来预测排放,可精确到特定车辆和驾驶行为	适用于研究和开发新技术,评估新政策的环境影响

研究表明,使用COPERT模型计算得到的排放因子更贴近中国机动车的实际排放数据,同时,COPERT模型所需的参数也相对容易获取,故本节使用基于速度的COPERT排放模型核算城市个体机动车的出行碳排放。在COPERT模型中,计算机动车碳排放的基本公式由距离和排放因子构成,计算方法见式(5-1)。

$$E_{i,j,k} = F_{i,j,k} \times D_{i,j,k} \tag{5-1}$$

式中:i——轨迹段;

j——出行段;

k——出行;

$E_{i,j,k}$——轨迹段i的碳排放量;

$F_{i,j,k}$——轨迹段i的速度排放因子,通常表示为$\mathrm{g \cdot km^{-1}}$;

$D_{i,j,k}$——轨迹段i的出行距离。

其中,速度排放因子的计算方法见公式(5-2)。

$$F_{i,j,k} = \frac{\alpha \times v_i^2 + \beta \times v_i + \gamma + \delta / v_i}{\varepsilon \times v_i^2 + \zeta \times v_i + \eta} \tag{5-2}$$

式中: v_i——机动车在轨迹段i上的平均速度;

α、β、γ、δ、ε、ζ、η——由车辆类型、排放标准、燃料类型及发动机类型等因素综合决定的模型参数。

COPERT 模型已根据实验数据对上述参数进行了标定。碳排放的计算通过能耗(MJ/km)的转化得到,转化系数为 69.3 克 CO_2/MJ。

2. 轨道交通出行碳排放计算模型

在城市个体出行分析中,准确评估轨道交通的出行距离对于计算碳排放量具有重要意义。尽管轨道交通的设备设施及系统多位于地下运行,会导致 GNSS 设备在采集数据时面临精确度挑战,如轨迹点重复或缺失,但轨道交通出行的起点和终点固定以及路线的一致性为克服精确度难题提供了解决方案。

通过直接利用轨道交通的票务系统来获取用户的确切出行里程,通过识别出行中的首末轨迹点,并将它们映射到相应的轨道交通站点,官方提供的站点间距离数据,为直接计算出行距离提供了可靠的数据来源,可以准确地确定出行的实际里程,有效避免 GNSS 信号干扰带来的数据准确性问题。

利用上述方法获取的轨道交通实际出行距离,结合相应的人公里排放因子,可以精确计算出轨道交通出行的碳排放量。故对于城市轨道交通出行段碳排放,采用人公里碳排放因子与出行里程乘积的方法计算,其中,出行距离优先基于用户进出站票务数据计算不同站点之间的距离获得,或基于 GNSS 轨迹数据计算相应的出行里程,且两种方法可进行交叉验证。轨道交通的人公里碳排放因子,根据历史运营数据计算,见式(5-3)。

$$F_{\mathrm{PKM},j} = \frac{F_{\mathrm{CO_2},x} \times C_j \times (1 + L)}{D_j \times P_j} \tag{5-3}$$

式中:C_j——轨道交通使用电力的耗电总量;

L——电力系统平均技术传输与分配损失系数;

$F_{\mathrm{CO_2},x}$——能源 x 的碳排放系数,x 为电力;

D_j——轨道交通的人均单次出行距离;

P_j——轨道交通的年出行总量。

二、个体出行链碳足迹与减排评估

本节根据个体选用的不同交通出行方式,提出了多模式交通碳排放核算方法,可以实现对于城市个体单次出行的碳排放精细化测算与评估。城市中个体的出行活动通常包含多次出行,由此构成了城市个体出行链,可基于此来核算个体连续出行时的碳排放。一条完整的出行链中所有出行的起讫点会在时间和空间上存在一定的联系,可以基于时间和空间完成出行链信息的识别和提取。因此,将同一次出行中每个出行段的碳排放累加,可得到用户单次出行的碳排放,再将用户一天内所有出行的碳排放累加,可得到一条出行链的总碳排放。

由于各类型出行链的碳足迹存在明显差异,以小汽车为主导的出行链排放量远高于其他类型,而以非机动车为主导的出行链碳排放量最低。为评估和比较不同出行方式的环境影响,人公里碳排放因子是衡量单位距离人均碳排放至关重要的指标。相关研究表明,不同出行链的人公里碳排放因子统计分布特征对比,可以明确小汽车是城市交通碳排放的主要贡献者,而以非机动车主导的出行链的碳排放几乎可以忽略。因此,政府可以通过增加非机动车道和改善公共交通服务等方式来推广低碳出行方式,以减少私家车的使用。在鼓励市民减少私家车使用的政策推动下,非机动出行方式的推广对于降低城市交通的碳排放具有重要意义。同时,可以考虑对高排放车辆征收环保税,鼓励市民购买新能源汽车,并对使用新能源汽车的用户提供补贴或其他优惠政策。

碳减排量是衡量城市低碳行为的一项重要指标。低碳行为的碳减排评估是衡量碳排放总量和能源消耗的过程,其目的是减少碳排放,同时有效利用资源来减少能源消耗,也可以通过减少废物产生来实现。对低碳行为的碳减排评估有助于实现可持续发展目标。所谓碳减排量,即相较于基准交通方式的碳排放,实际出行中碳排放的减少量。目前已有的低碳减排方法学中,大部分都采用基准线法来衡量交通方式的碳减排量。本节设定电动汽车、公共汽电车、轨道交通、自行车和步行出行为绿色出行,燃油小汽车出行为高碳出行,因此,以高碳出行为基准线情景,计算出行链的碳减排量,见式(5-4)。

$$\Delta E = E' - E \tag{5-4}$$

式中:ΔE——出行链的碳减排量,kg;

E'——基准线排放,kg;

E——出行链碳排放,kg。

基准线排放量的计算为高碳出行的碳排放因子和被替代的高碳出行距离的乘积,其中,高碳出行距离由实际出行距离和方式转换系数确定,见式(5-5)。

$$E' = \sum_k \sum_j (F_{\mathrm{PKM,BL}} \times m_j \times D_{j,k}) \tag{5-5}$$

式中:$F_{\mathrm{PKM,BL}}$——基准线人公里排放因子,kg/pkm;

m_j——方式转换系数，即相同起讫点下，小汽车最短出行距离与方式j出行距离比值的平均值；

$D_{j,k}$——出行链k中出行段j的距离，km。

为进一步探究绿色出行对个体出行碳减排量的影响，需要对出行链中绿色出行的比例与出行链人公里减排量的关系进行分析。其中绿色出行的比例是出行链中绿色出行的距离和出行链的总距离之比，其计算方法见式(5-6)。

$$X = \frac{D_J}{D} = \frac{\sum_j D_j}{D} \tag{5-6}$$

式中：D_J——绿色出行的距离；

D——出行链的总出行距离；

D_j——电动汽车轨道交通、公共汽电车、自行车或步行出行段j的出行距离。

三、基于聚类模型的个体出行链碳足迹画像构建

为实现对个体出行行为的精准刻画及碳排放特征的有效分类，以支持定制化的碳减排策略，通过对出行数据的深入分析来识别和刻画个体在城市环境中的出行模式及其相关的碳排放特性，并根据出行链碳排放区分高碳排放出行模式与低碳排放出行模式。本节利用大数据分析技术对个体的出行数据进行深入挖掘，提取关键特征如出行方式、距离、碳排放和碳减排等；其次对收集到的数据进行预处理，包括数据清洗和标准化；最后运用聚类算法根据用户出行碳排放与碳减排特征对城市居民出行链画像进行构建，识别低碳出行链并分析其交通方式结构特征，为后续碳普惠机制的设计提供理论支撑。碳足迹画像构建如图5-8所示。

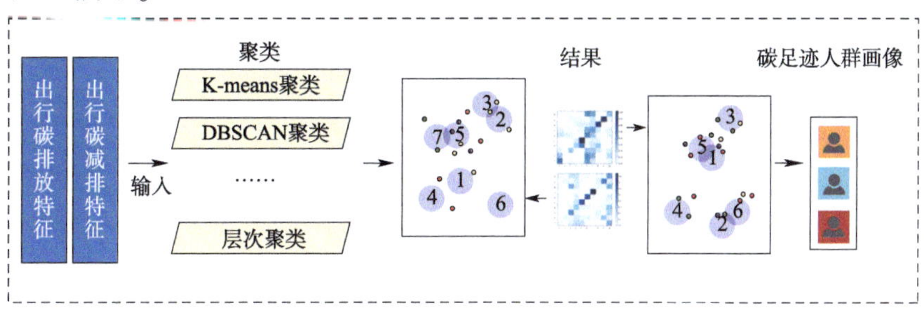

图5-8　碳足迹画像构建

目前常用的聚类算法包括 K-means 聚类、层次聚类、DBSCAN 聚类和高斯混合聚类等。K-means 聚类算法是一种广泛使用的方法，以其简单和高效性著称，但该方法需要预先设定簇的数量，在处理复杂数据分布时可能不够灵活。DBSCAN 聚类算法基于核心点的密度连通性形成簇，不需要预设簇的数量，适合处理具有复杂局部结构的数据，但该算法参数的选择对聚类结果有显著影响。层次聚类算法无需预先设定簇的数量，但计算复杂度较高，不适合处理大规模数据集。高斯混合聚类算法在处理簇形状多样和簇大小不等的数据集时更为灵活，但由于其涉及复杂的概率计算，因此在处理大数据集时可能面临较高的计算成本。

相关研究表明，平衡迭代削减聚类层次算法(Balanced Iterative Reducing and Clustering using Hierarchies，BIRCH)相较于传统的聚类算法，BIRCH 算法能够在内存受限的情况下处理大规模数据集。同时，在数据量相同的情况下，BIRCH 算法的处理速度也更为迅速，并且在聚类过程中能自动调整簇数量。虽然对噪声较敏感，但在个体出行链数据的预处理阶段可以通过技术手段减少噪声数据。因此可以选用 BIRCH 算法构建碳足迹画像。通过 BIRCH 算法对出行链数据进行分组，将出行链按碳排放量和出行习惯分为多个类别，例如，将主要使用私家车的高碳排放出行模式与主要依赖公共交通的低碳排放出行模式进行区分，从而揭示不同出行习惯与碳排放量之间的内在联系。

碳足迹画像的构建不仅加深了对个体出行行为背后碳排放动因的解析，还为政府和相关部门制定精确的碳减排政策和激励措施提供了科学依据。应用这种方法预计将促进个体和社会层面的低碳出行行为，进而为城市的可持续发展目标作出重要贡献。通过这种系统的方法论，可以实现对城市交通碳排放的综合管理和优化，有效推动环保政策的实施，确保低碳发展策略的有效执行，从而提升居民城市生活的整体环境质量。

实 践 篇

第六章　出行服务政策实践

“出行即服务(MaaS)”一词于2019年正式出现在交通运输部印发的《数字交通发展规划纲要》(交规划发〔2019〕89号)中,同年又被纳入中共中央、国务院发布的纲领性文件《交通强国建设纲要》。之后,在国家、交通运输部、地方政府部门印发的综合交通、综合运输服务、数字交通等发展规划文件中,均将MaaS的建设和发展作为一项重要任务。同时,国家、各部委、地方各级政府在与MaaS业务相关的其他关键领域,如数字经济、数据要素、新型基础设施、绿色出行、无障碍出行等方面,也制定了一系列政策和相关制度,间接推动并保障MaaS的发展。

第一节　MaaS政策规划文件

在数字经济时代下,为了满足人民群众的美好出行需求,更好适应新时代下交通运输高质量、可持续发展的要求,国内外在交通运输领域的法律法规、规章制度、政策文件和规划管理等方面,对MaaS的建设和发展进行了重要部署。近年来,国内外围绕MaaS直接制定的相关政策制度情况如下。

一、国外典型法律法规、政策制度

1. 芬兰《芬兰运输法》

2018年1月,芬兰政府启用新交通条例《芬兰运输法》(*The Finnish Transport*

Code）。该条例纳入了所有交通运输方式（公共交通、出租汽车、铁路、航空、海运等），以实现多模式一体化出行，取消了所有涉及运输工具的具体法规，旨在为以用户为导向的运输服务提供便利，并为运输数字化和新的商业模式创造先决条件。

该条例建议公开所有运输服务的基本数据，强制要求所有出行服务商开放数据接口分享运营路线和时刻表等信息，并向第三方 MaaS 平台开放分销授权，通过立法确保所有交通模式之间实现数据共享。同时，该条例还规定了票务和支付系统的互操作性，取消了对所有交通工具的价格限制。该条例为 MaaS 市场化参与者提供发展空间，使无缝、一体化出行成为可能。

2. 法国《交通未来导向法》

2019 年 12 月 24 日，法国宪法委员会通过了《交通未来导向法》（*La loi d'orientation desmobilités*），该法律针对法国交通与环保领域存在的问题提出了一系列解决措施，并在出行多样化、地方政府权力、低碳出行等方面作了相应发展规划。

出行多样化方面。2021 年起向公众公开所有交通方式的出行信息，比如公共交通时间表、价格、空载率、实时拥堵状况、特定停车场空位信息等，同时支持出行服务提供商将所有出行方式整合到同一个应用程序中，鼓励其与地方政府合作。

地方政府权力方面。赋予地方政府管理新出行模式的权力，比如共享出行、预约出行等服务。同时地方政府可以自行规划"低排放区域"，只有碳排放达标的交通出行工具才可以进入相应区域。

低碳出行方面。到 2022 年，充电桩数量扩大至 2019 年的五倍。到 2024 年，法国自行车出行份额增长两倍。企业可以对采用公共交通、自行车、拼车、共享汽车等通勤方式的员工每年最多发放 400 欧元的补贴。每位采用公共交通、自行车、拼车等通勤方式的政府公务员每年最多可以获得 200 欧元补贴。

3. 澳大利亚《运输（道路旅客服务）法案》

西澳大利亚州《运输（道路旅客服务）法案》［*Transport (Road Passenger Services) Bill 2018*］是国际道路旅客运输行业第一部以法律定义按需旅客运输服务的法案。该法案于 2019 年 2 月 28 日正式开始实施，主要定义五类道路旅客运输服务，包括按需旅客运输和预定服务、固定旅客运输、游览旅客运输、社区运输服务、礼宾运输服务，其中按需旅客运输服务包括出租汽车、基于应用程序的预订服务、租赁巴士、定制旅游包车等类型。该法案明确了参与提供客运服务提供商和驾驶员的安全责任框架，包括原则、责任和违法行为，并对提供按需预定服务提供商、固定旅客运输服务提供商、车辆驾驶员、车辆的权责、运营资格等进行了规定，旨在确保道路旅客运输服务清晰的问责机制与公平的竞争环境。

4. 欧盟委员会《关于提供欧盟内多模式出行信息服务的条例》

欧盟委员会于2017年颁布欧盟委员会授权条例《关于提供欧盟内多模式出行信息服务的条例》[(EU)2017/1926]，明确规定了多模式出行信息数据共享准则，确保欧洲范围内旅客出行信息服务准确性和可得性。该条例强制规定各成员国设立"国家数据接口"(National access point)，用以集成动态、静态和历史交通原始数据，并通过许可协议的方式共享给用户。交通管理部门、出行服务商、基础设施运营商、出行需求响应服务商等数据提供方，必须按规定为"国家数据接口"提供原始数据，并开放相关数据接口。成员国必须不定期对上述数据提供方进行数据合规检查，并每两年向欧盟委员会汇报一次。

5. 英国《出行即服务：实践准则》

2022年，英国交通部(Department for Transport，DfT)发布了《出行即服务：实践准则》(*Mobility as a Service: code of practice*)，以指导MaaS在英国的推广。该准则为MaaS提供了具体的技术和监管建议，对可访问性、包容性、数据共享、多式联运票务、公平竞争以及可持续交通等方面进行了规定，为参与MaaS计划的组织提供了依据。国际MaaS相关政策具体实践情况见表6-1。

国际MaaS相关政策实践情况 表6-1

国家/机构名称	法律、规章名称	核心内容	目标
芬兰	《芬兰运输法》	所有运输服务基本数据开放共享； 所有出行服务商提供数据接口； 开放票务分销授权； 取消所有交通方式票价限制； 票务、支付系统需具备互操作性	确保数据共享，消除MaaS进入市场的障碍，为参与者提供发展空间

续上表

国家/机构名称	法律、规章名称	核心内容	目标
法国	《交通未来导向法》	向公众公开所有交通方式出行信息； 支持出行服务提供商将所有出行方式整合到同一个应用程序中； 地方政府具有管理新出行模式的权利； 采用公共交通、自行车、拼车、共享汽车等通勤方式的企业员工或政府公务员可获得交通补助贴	在出行多样化、地方政府权力、低碳出行等方面对法国未来交通发展作了规划
澳大利亚	《运输（道路旅客服务）法案》	定义五类道路旅客运输服务； 明确了参与提供客运服务提供商、驾驶员、车辆的安全责任框架	旨在确保道路旅客运输服务清晰的问责机制与公平的竞争环境
欧盟委员会	《关于提供欧盟内多模式出行信息服务的条例》	规定各成员国设立"国家数据接口"，并通过许可协议的方式共享给用户； 数据提供方须按规定提供静态、动态的原始数据给"国家数据接口"，并开放相关数据接口	确保欧盟范围内的多模式出行信息服务准确，并可供用户跨境使用
英国	《出行即服务：实践准则》	规定了可访问性、包容性、数据共享、多式联运票务、公平竞争以及可持续交通等内容	指导 MaaS 建设

二、国内主要行政法规、政策制度

1. 国家层面

(1)《交通强国建设纲要》。

2019 年 9 月 19 日，中共中央、国务院印发了《交通强国建设纲要》，明确提出了“由各种交通方式相对独立发展向更加注重一体化融合发展转变”“大力发展共享交通，打造基于移动智能终端技术的服务系统，实现出行即服务”等要求，为我国出行服务从“走得了”向“走的好”指明了发展方向。

(2)《国家综合立体交通网规划纲要》。

2021 年 2 月，中共中央、国务院印发了《国家综合立体交通网规划纲要》，提出要推动城市内外交通有效衔接。推动干线铁路、城际铁路、市域(郊)铁路融合建设，并做好与城市轨道交通衔接协调，构建运营管理和服务“一张网”，实现设施互联、票制互通、安检互认、信息共享、支付兼容。

(3)《“十四五”现代综合交通运输体系发展规划》。

2021 年 12 月 9 日，国务院印发《“十四五”现代综合交通运输体系发展规划》(国发〔2021〕27 号)，明确提出要创新运营管理模式，以满足个性化、高品质出行需求为导向，推进服务全程数字化，支持市场主体整合资源，提供“一站式”出行服务，打造顺畅衔接的服务链。

2. 部委层面

(1)《数字交通“十四五”发展规划》。

2021 年 10 月 25 日，《交通运输部关于印发〈数字交通“十四五”发展规划〉的通知》(交规划发〔2021〕102 号)明确要求，建设一体衔接的数字出行网络，打造一体化出行服务平台。倡导“出行即服务”理念，鼓励企业整合多方式出行信息资源，为旅客提供全链条、多方式、一站式出行服务，推动旅客联程运输发展和全程服务数字化。

(2)《综合运输服务“十四五”发展规划》。

2021 年 11 月 2 日，《交通运输部关于印发〈综合运输服务“十四五”发展规划〉的通知》(交运发〔2021〕111 号)明确提出，推广“出行即服务”理念，加快旅客联程运输发展，创新“一站式”出行服务，加快城市群都市圈运输一体化发展，推动各种运输方式功能融合、标准协同、运营规范、服务高效，不断提升综合运输服务一体化发展水平。

(3)《加快建设交通强国五年行动计划(2023—2027年)》。

2023年4月，交通运输部、国家铁路局、中国民用航空局、国家邮政局、中国国家铁路集团有限公司联合印发了《加快建设交通强国五年行动计划(2023—2027年)》(交规划发〔2023〕21号)，提出构建舒适顺畅的城市出行服务系统，优化联程运输运营服务，拓展“一次购票、一次支付、一证(码)通行”服务产品，持续推进联运客票产品升级。

3. 地方层面

在国家交通强国建设及实现交通运输高质量发展的战略目标下，全国30多个省(自治区、直辖市)、50多个城市在交通领域“十四五”发展规划、交通强国建设试点实施方案等文件明确提出了MaaS建设任务。经梳理总结，这些规划文件围绕MaaS重点聚焦在倡导理念、资源整合、平台建设、运营主体、服务功能、试点场景等方面，其高频关键词及MaaS相关政策汇总如图6-1和图6-2所示。

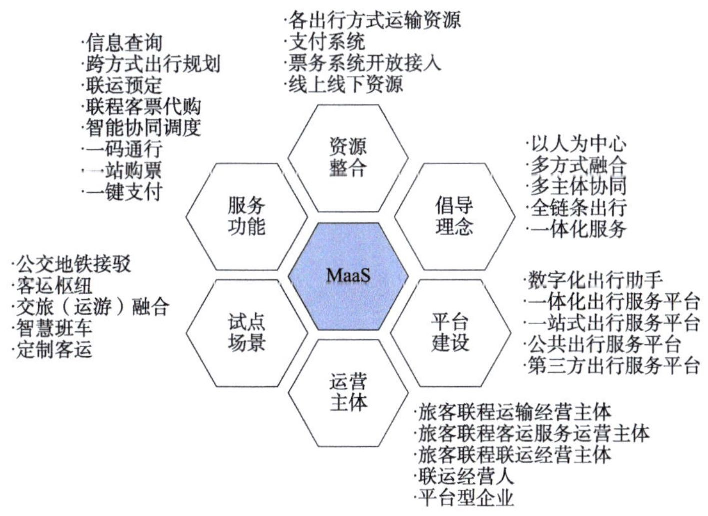

图6-1 地方层面MaaS相关政策规划文件高频关键词

	2019年	2020年	2021年	2022年	2023年	2024年
国家层面	交通强国：《交通强国建设纲要》 平台经济：《国务院办公厅关于促进平台经济规范健康发展的指导意见》	数据要素：《关于构建更加完善的要素市场化配置体制机制的意见》 新型消费：《国务院办公厅关于以新业态新模式引领新型消费加快发展的意见》	交通规划：《"十四五"现代综合交通运输体系发展规划》《国家综合立体交通网规划纲要》 数字经济：《"十四五"数字经济发展规划》 "双碳"战略：《2030年前碳达峰行动方案》《国务院关于加快建立健全绿色低碳循环发展经济体系的指导意见》	扩大内需：《扩大内需战略规划纲要(2022—2035年)》 促进消费：《国务院办公厅关于进一步释放消费潜力促进消费持续恢复的意见》 数据要素：《关于构建数据基础制度更好发挥数据要素作用的意见》	旅游消费：《关于释放旅游消费潜力推动旅游业高质量发展的若干措施》 无障碍环境建设：《中华人民共和国无障碍环境建设法》	数据资源开发利用：《中共中央办公厅 国务院办公厅关于加快公共资源开发利用的意见》 绿色出行：《中共中央 国务院关于加快经济社会发展全面绿色转型的意见》 弥合数字鸿沟：《国务院办公厅关于进一步优化支付服务提升支付便利性的意见》
部委层面	数字交通：《数字交通发展规划纲要》 绿色出行：《绿色出行行动计划(2019—2022年)》 数据要素：《推进综合交通运输大数据发展行动纲要(2020—2025年)》	绿色出行：《绿色出行创建行动方案》 激活消费：《关于支持新业态新模式健康发展激活消费市场带动扩大就业的意见》 新基建：《关于推动交通运输领域新型基础设施建设的指导意见》	交通规划：《数字交通"十四五"发展规划》《综合运输服务"十四五"发展规划》《交通运输标准化"十四五"发展规划》 平台经济：《关于推动平台经济规范健康持续发展的若干意见》 新基建：《交通运输领域新型基础设施建设行动方案(2021—2025年)》 新业态从业人员权益保障：《关于维护新就业形态劳动者劳动保障权益的指导意见》《关于加强交通运输新业态从业人员权益保障工作的意见》 绿色交通：《绿色交通"十四五"发展规划》	综合交通枢纽：《现代综合交通枢纽体系"十四五"发展规划》	交通强国：《加快建设交通强国五年行动计划(2023—2027年)》 公交可持续：《关于推进城市公共交通健康可持续发展的若干意见》 扩大消费：《关于恢复和扩大消费措施的通知》《"十四五"扩大内需战略实施方案》 交旅融合：《关于加快推进城乡道路客运与旅游融合发展有关工作的通知》 数据资产：《企业数据资源相关会计处理暂行规定》《关于加强数据资产管理的指导意见》 数据要素：《"数据要素×"三年行动计划(2024—2026年)》 劳动者权益保障：《新就业形态劳动者休息和劳动报酬权益保障指引》《新就业形态劳动者劳动规则公示指引》《新就业形态劳动者权益维护服务指南》	适老化无障碍出行服务：《关于进一步加强适老化无障碍出行服务工作的通知》
地方层面	数据条例：天津、海南	新基建：北京、上海、浙江、广东、山东、吉林、江苏 数据条例：贵州、吉林、山西 数字经济：江西、河北、天津、辽宁 低碳出行碳减排方法学：北京	交通规划：上海、天津、安徽、重庆、辽宁、山东、河南、山西、江苏 新基建：河南、江苏、上海、浙江 数据条例：广东、上海、重庆、江西、山东、安徽、福建 数字经济：广东、浙江、江苏、内蒙古、浙江、湖北、重庆、贵州 交旅融合：四川 低碳出行碳减排方法学：深圳	交通规划：北京、吉林、河北 新基建：北京、陕西、四川、重庆、河南、湖南、云南、河北 数据条例：浙江、黑龙江、辽宁、四川、陕西、广西 数字经济：北京、江苏、广东、河北、黑龙江 交旅融合：浙江、安徽 低碳出行碳减排方法学：山东 碳普惠：上海、广东	新基建：上海 扩大消费：山东、四川、甘肃	交旅融合：安徽、河南 扩大消费：上海 适老化无障碍出行：安徽、江苏、陕西、浙江、辽宁、海南

图 6-2　国内 MaaS 相关行政法规及政策制度

第二节 MaaS 支撑政策制度

MaaS 建设范围和业务领域涉及数字经济发展、数据要素、基础设施、交旅融合等方面，其社会目标和发展要求包含绿色、公平、包容和从业人员权益保障、平台规范发展等方面的内容。经梳理，国家、各部委、地方各级政府在 MaaS 发展相关的关键领域制定了一系列政策制度，间接推动和保障了 MaaS 可持续发展，具体政策图谱如图 6-2 所示。

一、数字经济发展

1.《国务院办公厅关于促进平台经济规范健康发展的指导意见》

2019 年 8 月 1 日，国务院办公厅印发①了《国务院办公厅关于促进平台经济规范健康发展的指导意见》(国办发〔2019〕38 号)，提出：完善新业态信用体系，在网约车、共享单车、汽车分时租赁等领域，建立健全身份认证、双向评价、信用管理等机制，规范平台经济参与者行为。

2.《国务院关于印发"十四五"数字经济发展规划的通知》

2021 年 12 月 12 日，国务院印发了《国务院关于印发"十四五"数字经济发展规划的通知》(国发〔2021〕29 号)，提出：加快培育新业态新模式，推动平台经济健康持续发展，引导支持平台企业加强数据、产品、内容等资源整合共享，发展定制化、智慧化出行服务。

3.《关于推动平台经济规范健康持续发展的若干意见》

2021 年 12 月 24 日，国家发展改革委、市场监管总局、中央网信办等九部门联合印发了《关于推动平台经济规范健康持续发展的若干意见》(发改高技〔2021〕1872 号)，提出：加大对出行领域平台企业非法营运行为的打击力度，从严管控非

---

① 本节所指的文件印发时间为公文成文时间。

必要采集数据行为,依法依规打击黑市数据交易、大数据杀熟等数据滥用行为。

二、数据要素管理

1.《中共中央 国务院关于构建更加完善的要素市场化配置体制机制的意见》

2020年3月30日,中共中央、国务院印发了《关于构建更加完善的要素市场化配置体制机制的意见》(中发〔2020〕9号),提出:加快培育数据要素市场,推进政府数据开放共享,提升社会数据资源价值,加强数据资源整合和安全保护;加快要素价格市场化改革,完善主要由市场决定要素价格机制,加强要素价格管理和监督,健全生产要素由市场评价贡献、按贡献决定报酬的机制。

2.《中共中央 国务院关于构建数据基础制度更好发挥数据要素作用的意见》

2022年12月2日,中共中央、国务院印发了《关于构建数据基础制度更好发挥数据要素作用的意见》,提出:探索建立数据产权制度,推动数据产权结构性分置和有序流通,结合数据要素特性强化高质量数据要素供给;建立数据资源持有权、数据加工使用权、数据产品经营权等分置的产权运行机制,推进非公共数据按市场化方式"共同使用、共享收益"的新模式,为激活数据要素价值创造和价值实现提供基础性制度保障。

3.《企业数据资源相关会计处理暂行规定》

2023年8月1日,财政部印发了《企业数据资源相关会计处理暂行规定》(财会〔2023〕11号),提出:企业在持有确认为无形资产的数据资源期间,利用数据资源对客户提供服务的,应当按照无形资产准则、无形资产准则应用指南等规定,将无形资产的摊销金额计入当期损益或相关资产成本。

4.《关于加强数据资产管理的指导意见》

2023年12月31日,财政部印发了《关于加强数据资产管理的指导意见》(财资〔2023〕141号),提出:推进数据资产全过程管理以及合规化、标准化、增值化;通过加强和规范公共数据资产基础管理工作,探索公共数据资产应用机制,促进公共数据资产高质量供给,有效释放公共数据价值。

5.《"数据要素×"三年行动计划(2024—2026年)》

2023年12月31日,国家数据局等17部门联合印发了《"数据要素×"三年行动计划(2024—2026年)》(国数政策〔2023〕11号),提出:在"数据要素×交通运输"方面,支持交通运输龙头企业推进高质量数据集建设和复用,加强人工智能工具应用,助力企业提升运输效率;提升旅游服务水平,支持旅游经营主体共享气象、交通等数据,在合法合规前提下构建客群画像、城市画像等,优化旅游配套服务、一站式出行服务。

6.《中共中央办公厅 国务院办公厅关于加快公共数据资源开发利用的意见》

2024年9月21日,中共中央办公厅和国务院办公厅印发了《中共中央办公厅 国务院办公厅关于加快公共数据资源开发利用的意见》(国务院公报2024年第30号),提出:深化数据要素配置改革,扩大公共数据资源供给,有序推动公共数据开放,鼓励探索公共数据授权运营;加强资源管理,规范公共数据授权运营,健全资源管理制度,建立健全价格形成机制维护公共利益;鼓励应用创新,推动数据产业健康发展,丰富数据应用场景,推动区域数据协作,加强数据服务能力建设,繁荣数据产业发展生态。

三、新型基础设施建设

1.《交通运输部关于推动交通运输领域新型基础设施建设的指导意见》

2020年8月3日,交通运输部发布了《交通运输部关于推动交通运输领域新型基础设施建设的指导意见》(交规划发〔2020〕75号),提出:鼓励发展综合客运一体衔接的全程电子化服务模式,推动售取票、检票、安检、乘降、换乘、停车等客运服务"一码通行"。推动旅客联程运输服务设施建设,鼓励建设智能联程导航、自助行李直挂、票务服务、安检互认、标识引导、换乘通道等服务设施,实现不同运输方式的有效衔接。

2.《交通运输领域新型基础设施建设行动方案(2021—2025年)》

2021年8月31日,交通运输部印发了《交通运输领域新型基础设施建设行动方案(2021—2025年)》(交规划发〔2021〕82号),提出:加强不同运输方式票务系统的有效衔接,实现"一站购票、一码(证)通行";推动跨运输方式安检互认,提高行李直挂服务比例;推动城市公共汽电车、城市轨道交通、出租汽车(含网约车)与铁路、航空运行时刻、客流规模变化等运营信息有效对接,加强组织调度运力安排等方面的协同衔接和应急响应。

3.《中共中央办公厅 国务院办公厅关于推进新型城市基础设施建设打造韧性城市的意见》

2024年11月26日，中共中央办公厅和国务院办公厅印发了《中共中央办公厅 国务院办公厅关于推进新型城市基础设施建设打造韧性城市的意见》(国务院公报2024年第35号)，提出：以支撑智能网联汽车应用和改善城市出行为切入点，建设城市道路、建筑、公共设施融合感知体系。

四、交旅融合

1.《关于释放旅游消费潜力推动旅游业高质量发展的若干措施》

2023年9月27日，国务院办公厅印发了《关于释放旅游消费潜力推动旅游业高质量发展的若干措施》(国办发〔2023〕36号)，提出：完善旅游交通服务，提高旅游目的地通达性，构建"快进"交通网络，结合节假日等因素优化配置重点旅游城市班车班列，加快干线公路与景区公路连接线以及相邻区域景区间公路建设；优化旅游客运服务，积极拓展定制客运服务，普及推广电子客票服务，大力发展联程运输。

2.《交通运输部 国家旅游局 国家铁路局 中国民用航空局 中国铁路总公司 国家开发银行关于促进交通运输与旅游融合发展的若干意见》

2017年7月18日，交通运输部等六部门联合印发了《关于促进交通运输与旅游融合发展的若干意见》(交规划发〔2017〕24号)，提出：支持建设集"吃住行游购娱"于一体的"慢游"交通网络；积极推进跨运输方式客运联程系统建设，鼓励企业完善票务服务系统，提高联网、联程、异地和往返票务服务水平；引导互联网企业提供联程联运"一站式"票务服务。

3.《交通运输部办公厅 文化和旅游部办公厅关于加快推进城乡道路客运与旅游融合发展有关工作的通知》

2023年3月10日，交通运输部办公厅、文化和旅游部办公厅联合印发了《关于加快推进城乡道路客运与旅游融合发展有关工作的通知》(交办运〔2023〕10号)，提出：积极拓展"门到门""点到点"的定制客运服务，提升跨区域特色旅游功能区的客运网络连通度；支持汽车客运站、城市公共交通枢纽、城市轨道交通场站等拓展旅游服务功能，为游客提供旅游票务预订、信息咨询、旅游集散等服务。

五、绿色出行

1.《绿色出行行动计划(2019—2022年)》

2019年5月20日，交通运输部、中央宣传部、国家发展改革委、工业和信息化部等十二部门和单位联合印发了《绿色出行行动计划(2019—2022年)》(交运发〔2019〕70号)，提出：推进实施旅客联程联运，加强和完善民航机场、铁路、道路客运、航运与城市公共交通相衔接的综合客运枢纽建设及管理；加强城市公共交通与民航、铁路客运等运营时间的匹配衔接；鼓励企业提供旅客联程、往返等票务服务，加快实施旅客联程运输电子客票；完善旅客联程联运票价优惠政策和多人套票优惠政策，引导公众和家庭出行选择集约化运输方式。

2.《绿色出行创建行动方案》

2020年7月23日，交通运输部、国家发展改革委联合印发了《绿色出行创建行动方案》，提出：通过开展绿色出行创建行动，倡导简约适度、绿色低碳的生活方式，引导公众出行优先选择公共交通、步行和自行车等绿色出行方式，降低小汽车通行总量，整体提升我国各城市的绿色出行水平。

3.《国务院关于加快建立健全绿色低碳循环发展经济体系的指导意见》

2021年2月2日，国务院印发了《关于加快建立健全绿色低碳循环发展经济体系的指导意见》(国发〔2021〕4号)，提出：倡导绿色低碳生活方式，提升交通系统智能化水平，积极引导绿色出行。

4.《2030年前碳达峰行动方案》

2021年10月24日，国务院印发了《2030年前碳达峰行动方案》(国发〔2021〕23号)，提出：构建绿色高效交通运输体系，发展智能交通，推动不同运输方式合理分工、有效衔接；打造高效衔接、快捷舒适的公共交通服务体系，积极引导公众选择绿色低碳交通方式。

5.《绿色交通“十四五”发展规划》

2021年10月29日，交通运输部印发了《绿色交通“十四五”发展规划》(交规划发〔2021〕104号)，提出：加快构建绿色出行体系，因地制宜构建以城市轨道交通和快速公交为骨干、常规公交为主体的公共交通出行体系，强化“轨道+公交+慢行”网络融合发展；开展绿色出行创建行动，改善绿色出行环境，提高城市绿色出行比例。

6.《中共中央 国务院关于全面推进美丽中国建设的意见》

2023年12月27日，中共中央、国务院印发了《中共中央 国务院关于全面推进美丽中国建设的意见》(国务院公报2024年第3号)，提出：践行绿色低碳生活方式，鼓励绿色出行，推进城市绿道网络建设，深入实施城市公共交通优先发展战略。

7.《中共中央 国务院关于加快经济社会发展全面绿色转型的意见》

2024年7月31日，中共中央、国务院印发了《中共中央 国务院关于加快经济社会发展全面绿色转型的意见》(国务院公报2024年第24号)，明确提出：推广绿色生活方式，大力倡导简约适度、绿色低碳、文明健康的生活理念和消费方式，引导公众优先选择公共交通、步行、自行车等绿色出行方式。

六、无障碍出行

1.《中华人民共和国无障碍环境建设法》

2023年6月28日，十四届全国人大常委会第三次会议表决通过《无障碍环境建设法》。提出：国家鼓励新闻资讯、社交通信、生活购物、医疗健康、金融服务、学习教育、交通出行等领域的互联网网站、移动互联网应用程序，逐步符合无障碍网站设计标准和国家信息无障碍标准；国家鼓励地图导航定位产品逐步完善无障碍设施的标识和无障碍出行路线导航功能；音视频以及多媒体设备、移动智能终端设备、电信终端设备制造者提供的产品，应当逐步具备语音、大字等无障碍功能。

2.《关于进一步加强适老化无障碍出行服务工作的通知》

2024年1月12日，交通运输部等六部门印发了《关于进一步加强适老化无障碍出行服务工作的通知》(交运函〔2024〕20号)，提出：改进提升适老化无障碍出行信息服务，加快推进出行服务互联网网站、移动互联网应用程序(App)实施适老化无障碍改造；推动各类交通场站自助公共服务终端设备改造升级，具备无障碍功能；鼓励引导地图导航定位产品逐步完善无障碍设施标识和无障碍出行路线导航功能。

七、弥合数字鸿沟

1.《关于切实解决老年人运用智能技术困难实施方案的通知》

2020 年 11 月 15 日，国务院办公厅印发了《关于切实解决老年人运用智能技术困难实施方案的通知》（国办发〔2020〕45 号），提出：便利老年人日常交通出行，优化老年人打车出行服务，保持巡游出租车扬召服务，对电召服务要提高电话接线率；引导网约车平台公司优化约车软件，增设“一键叫车”功能，鼓励提供电召服务，对老年人订单优先派车；铁路、公路、水运、民航客运等公共交通在推行移动支付、电子客票、扫码乘车的同时，保留使用现金、纸质票据、凭证、证件等乘车的方式；推进交通一卡通全国互通与便捷应用，支持具备条件的社保卡增加交通出行功能，鼓励有条件的地区推行老年人凭身份证、社保卡、老年卡等证件乘坐城市公共交通。

2.《关于切实解决老年人运用智能技术困难便利老年人日常交通出行的通知》

2020 年 12 月 28 日，交通运输部、人力资源和社会保障部、国家卫生健康委、中国人民银行、国家铁路局、中国民用航空局、中国国家铁路集团有限公司联合印发了《关于切实解决老年人运用智能技术困难便利老年人日常交通出行的通知》（交运发〔2020〕131 号），提出：优化老年人打车出行服务，充分发挥 95128 等电召服务电话作用，整合巡游出租汽车运力，提供电话预约或即时叫车服务；鼓励网约车平台公司优化约车软件，增设方便、适合老年人使用的“一键叫车”功能；鼓励网约车平台公司探索开发客服热线语音接单、后台下单、线下结算等功能；鼓励有条件的网约车平台公司通过技术手段，精准施策，为老年人提供优先派单服务；积极协调当地有关部门，在医院、居民集中居住区、重要商业区等场所设置出租汽车候客点、临时停靠点，依托信息化技术提供便捷叫车服务。

3.《国务院办公厅关于进一步优化支付服务提升支付便利性的意见》

2024 年 3 月 1 日，国务院办公厅印发了《关于进一步优化支付服务提升支付便利性的意见》（国办发〔2024〕10 号），提出：针对不同群体的支付习惯，统筹力量打通支付服务存在的堵点，弥合数字鸿沟，着力完善多层次、多元化的支付服务体系，为老年人、外籍来华人员等群体提供更加优质、高效、便捷的支付服务。

八、从业人员权益保障

1.《关于维护新就业形态劳动者劳动保障权益的指导意见》

2021 年 7 月 16 日，人力资源社会保障部、国家发展改革委、交通运输部等八部门联合印发了《关于维护新就业形态劳动者劳动保障权益的指导意见》（人社部发〔2021〕56 号），提出：进一步规范平台用工关系，对维护好新就业形态劳动者的劳动报酬、合理休息、社会保险、劳动安全等权益都作出明确要求；针对依托互联网平台就业的网约配送员、网约车驾驶员、货车驾驶员等新就业形态劳动者，明确规定要健全最低工资和支付保障制度，推动将不完全符合确立劳动关系情形的新就业形态劳动者纳入制度保障范围。

2.《关于加强交通运输新业态从业人员权益保障工作的意见》

2021 年 11 月 17 日，交通运输部、中央宣传部、中央网信办、国家发展改革委、公安部、人力资源社会保障部、国家市场监督管理总局、中华全国总工会联合印发《关于加强交通运输新业态从业人员权益保障工作的意见》（交运发〔2021〕122 号），提出：完善平台和从业人员利益分析机制，支持从业人员参加社会保险，保障从业人员合理劳动报酬，保障从业人员获得合理休息，促进网约车平台企业合规发展等要求。

3.《新就业形态劳动者休息和劳动报酬权益保障指引》《新就业形态劳动者劳动规则公示指引》《新就业形态劳动者权益维护服务指南》

2023 年 11 月 8 日，人力资源社会保障部办公厅印发了《新就业形态劳动者休息和劳动报酬权益保障指引》《新就业形态劳动者劳动规则公示指引》《新就业形态劳动者权益维护服务指南》（人社厅发〔2023〕50 号）。针对互联网平台就业的配送、出行、运输等劳动者，明确提出了工作时间、休息、劳动报酬等方面的要求；明确规定了新就业形态劳动者适用劳动者实际工作地人民政府规定的小时最低工资标准，规定平台企业要向依托平台就业的新就业形态劳动者公开订单分配、报酬及支付、工作时间和休息、职业健康与安全、服务规范等与劳动者基本权益直接相关的规章制度、格式合同条款、算法规则及其运行机制；同时对新就业形态的劳动者维权服务方式，如企业内部劳动纠纷化解机制、工会权益维护服务、相关部门机构权益维护服务等进行了规定。

第三节 经验与启示

国外如芬兰、法国、澳大利亚、欧盟委员会等国家和决策机构，为改善公众日常出行体验，促进实现交通运输可持续发展，围绕各种交通方式的出行服务、按需旅客运输服务等制定了相关的法律法规、行政条例和规章制度，为 MaaS 建设和应用提供了良好的政策环境和发展空间。我国交通运输领域围绕公路、铁路、水运、航空等领域分别制定了《公路法》《铁路法》《海商法》《民用航空法》《港口法》《道路交通安全法》《航道法》7 部法律以及《城市公共交通条例》《公路管理条例》《道路运输条例》《民用航空国内运输管理条例》等行政法规，但针对多模式运输服务、出行服务等方面，尚未制定法律法规，且未印发专项行政规章制度。我国主要在建设交通强国、综合运输服务、数字交通、智慧交通等规划文件中将 MaaS 建设作为一项重点任务，期望通过多模式一体化的出行服务来提升城市出行服务品质，改善人们的出行体验；同时，在数据要素、新基建、交旅融合、绿色出行等方面也印发系列政策文件，间接保障了 MaaS 的发展。

MaaS 的发展需要政府的支持和政策协调。借鉴国外出行服务政策实施的先进经验，为促进不同交通模式之间联程、衔接与协作，提高整个交通系统的一体化与协同性，提升出行服务品质，我国应围绕多模式数据开放共享、联程票务、信息对称服务、票价补贴、跨域融合等关键内容，以及对低碳、公平、无障碍、隐私保护等方面服务要求，制定更加开放和支持创新的 MaaS 政策框架，破除不同交通模式在支付、票务、安检等服务衔接规则方面的政策障碍，降低 MaaS 运营的复杂性和成本，促进跨模式、跨区域、跨领域一体化出行服务。

第七章 MaaS相关标准规范实践

近年来,国内外典型标准化组织机构、国家政府部门等围绕多交通模式的资源整合、运营管理、出行服务、可持续发展等方面开展了一系列基础类、数据类、技术类、服务类标准规范的研究和制定工作。

第一节 基础标准

基础标准通常涵盖通用性的概念、术语、符号、分类、编码、兼容性等方面的规定。国际标准化组织(International Organization for Standardization,ISO)、欧洲标准化委员会(Comité Européen de Normalisation,CEN)、国际自动机工程师学会(Society of Automotive Engineers, SAE)等机构,从可持续、绿色、按需、共享、一体化等维度,针对多种交通模式出行的通用信息、用例、术语、分类、编码等方面制定了一系列标准。国外典型标准化组织关于多交通模式出行方面的基础标准见表7-1。

我国全国综合交通运输标准化技术委员会、全国智能运输系统标准化技术委员会、全国城市客运标准化技术委员会等机构,分别从道路运输、城市客运等不同行业领域角度,对涉及的多种交通模式的术语、分类、编码等方面展开了标准研究和制定。我国典型标准化组织关于多交通模式出行方面的基础标准见表7-2。

国外典型标准化组织关于多交通模式出行方面的基础标准　　表 7-1

标准名称	发布机构名称	标准内容	适用的运输模式
ISO/TR 16497-1:2024 Sustainable mobility and transportation—Sustainable mobility services—Part 1: Use cases	ISO	可持续出行服务用例	所有交通模式
ISO/TR 4447: 2022 Intelligent transport systems—Mobility integration—Comparison of two mainstream integrated mobility concepts	ISO	MaaS 和 MOD 概念、角色、职责	MaaS 和 MOD 所涉及的交通模式
ISO/TR 20529-1:2017 Intelligent transport systems—Framework for green ITS (G-ITS) standards-Part 1: General information and use case definitions	ISO	绿色交通通用信息和用例定义	所有交通模式
ISO 13111-1:2017 Intelligent transport systems (ITS)—The use of personal ITS station to support ITS service provision for travellers Part 1: General information and use case definitions	ISO	个体出行通用信息和用例定义	所有交通模式
ISO/DTR 6029-1 Intelligent transport systems—Seamless positioning for multimodal transportation in ITS stations Part 1: General information and use case definition	ISO	无缝出行通用信息和用例定义	所有交通模式
ISO/TR 22085-1:2019 Intelligent transport systems (ITS)—Nomadic device service platform for micro-mobility—Part 1: General information and use case definitions	ISO	微出行通用信息和用例定义	微出行交通模式
EN 1545-1:2015 Identification card systems—Surface transport Applications—Part 1: Elementary data types, general code lists and general data elements	CEN	数据类型、通用代码和数据元素	地面交通模式
EN 1545-2:2015 Identification card systems—Surface transport Applications—Part 2: Transport and travel payment related data elements and code lists	CEN	数据元素和代码	地面交通模式

续上表

标准名称	发布机构名称	标准内容	适用的运输模式
J3163_202208 Taxonomy and Definitions for Terms Related to Shared Mobility and Enabling Technologies	SAE	分类、术语定义	共享出行模式
JA3163_202106 Taxonomy of On-Demand and Shared Mobility：Ground，Aviation，and Marine	SAE	模式分类	按需出行和共享出行模式
J2353_201906 Data Dictionary for Advanced Traveler Information Systems（ATIS）	SAE	数据字典	所有交通模式
MDC00002202004 Data Sharing Glossary and Metrics for Shared Micromobility	SAE	术语与指标	共享微出行模式

我国典型标准化组织关于多交通模式出行方面的基础标准 表 7-2

标准名称	发布机构名称	标准内容	适用的运输模式
GB/T 8226—2023 道路运输术语	全国道路运输标准化技术委员会	术语	道路运输
GB/T 29108—2021 道路交通信息服务 术语	全国智能运输系统标准化技术委员会	术语	道路运输
GB/T 29744—2013 道路交通信息服务 道路编码规则	全国智能运输系统标准化技术委员会	编码规则	道路运输
GB/T 29100—2012 道路交通信息服务 交通事件分类与编码	全国智能运输系统标准化技术委员会	分类与编码	道路运输
GB/T 21394—2008 道路交通信息服务 信息分类与编码	全国智能运输系统标准化技术委员会	分类与编码	道路运输
GB/T 20133—2006 道路交通信息采集 信息分类与编码	全国智能运输系统标准化技术委员会	分类与编码	道路运输
JT/T 1109—2017 旅客联运术语	全国综合交通运输标准化技术委员会	术语	城际交通运输模式

第二节 数据标准

数据标准是指为了确保数据的一致性、准确性、完整性和可用性而制定的一系列规则和规范，主要涵盖数据结构、格式、共享、质量、隐私保护、安全、治理等方面要求。国际标准化组织（ISO）、欧洲标准化委员会（CEN）、国际自动机工程师学会（SAE）等机构，针对多交通模式出行涉及的数据集、结构、格式、传输、聚合与模型、交换、接口、评估与治理等方面制定了一系列标准。国外典型标准化组织关于多交通模式出行方面的数据标准见表7-3。

国外典型标准化组织关于多交通模式出行方面的数据标准 表7-3

标准名称	发布机构名称	标准内容	适用的运输模式
ISO/TR 12770:2023 Intelligent transport systems—Mobility integration—ITS data aggregation role and functional model	ISO	数据聚合和模型	所有交通模式
ISO 18561-1:2020 Intelligent transport systems (ITS)—Urban mobility Applications via nomadic device for green transport management – Part 1: General requirements for data exchange between ITS stations	ISO	数据交换	城市交通
ISO/TS 21219-23: 2016 Intelligent transport systems—Traffic and travel information (TTI) via transport protocol experts group, generation 2 (TPEG2) Part 23: Roads and multimodal routes (TPEG2-RMR)	ISO	数据传输	新的出行服务模式
ISO/CD 16481 Sustainable mobility and transportation—Digital governance—Strategic needs regarding the ISO 37101 purposes of sustainability	ISO	数据治理	所有交通模式
ISO/CD 6029-2 Intelligent transport systems—Seamless positioning for multimodal transportation in ITS stations Part 2: Nomadic and mobile device dataset for positioning data fusion	ISO	数据集	所有交通模式

续上表

标准名称	发布机构名称	标准内容	适用的运输模式
ISO/TR 22085 Intelligent transport systems (ITS)—Nomadic device service platform for micro mobility Part 2、3: Functional requirements and dataset definitions	ISO	数据集、数据结构、交换	微出行交通模式
CEN/TR 17949:2023 Public transport—Distribution APIs for MaaS	CEN	API	公共交通
CEN/TR 16959:2016 Public transport—Network and Timetable Exchange (NeTEx)—Examples, guidelines and explanatory materials	CEN	数据交换	公共交通
CEN/TS 16614 Public transport—Network and Timetable Exchange (NeTEx)—Part 1、2、3、5	CEN	数据交换	公共交通
CEN ISO/TS 18234 :2013 Intelligent transport systems—Traffic and Travel Information (TTI) via transport protocol experts group, generation 1 (TPEG1) binary data format-Part1、2、4、5、6、7、9	CEN ISO	数据格式	所有交通模式
CEN/TS 17118:2017 Intelligent transport systems—Public transport—Open API for distributed journey planning	CEN	API	公共交通
EN 16157 Intelligent transport systems—DATEX II data exchange specifications for traffic management and information—Part 1、2、3、4、5、6、7、8、9、10、11、12	CEN	数据交换规范	所有交通模式
EN 15531 Public transport—Service interface for real—time information relating to public transport operations—Part 1、2、3、4、5、6	CEN	数据服务接口	公共交通
CEN/TR 16427:2013 Intelligent transport systems—Public transport—Traveller Information for Visually Impaired People (TI-VIP)	CEN	视障人士数据需求	公共交通

续上表

标准名称	发布机构名称	标准内容	适用的运输模式
CEN/TR 16742:2014 Intelligent transport systems—Privacy aspects in ITS standards and systems in Europe	CEN	数据隐私	所有交通模式
MDC00003202108 Mobility Data Sharing Assessment	SAE	数据共享评估	所有交通模式
MDC00001202004 Guidelines for Mobility Data Sharing Governance and Contracting	SAE	数据治理	所有交通模式

我国全国综合交通运输标准化技术委员会、全国智能运输系统标准化技术委员会、全国城市客运标准化技术委员会、交通运输信息通信及导航标准化技术委员会等机构，分别从道路运输、城市客运、城际交通、道路客运等不同行业领域角度，针对多种交通模式的数据结构、格式、采集、交换、接口、质量等方面进行了标准研究和制定。我国典型标准化组织关于多交通模式出行方面的数据标准见表7-4。

我国典型标准化组织关于多交通模式出行方面的数据标准　　表7-4

标准名称	发布机构名称	标准内容	适用的运输模式
GB/T 37380—2019 面向个人移动便携终端智能交通运输信息服务应用数据交换协议	全国智能运输系统标准化技术委员会	数据交换	所有交通模式
GB/T 29101—2012 道路交通信息服务 数据服务质量规范	全国智能运输系统标准化技术委员会	数据质量	道路交通
GB/T 29746—2013 实时交通信息服务数据结构	全国智能运输系统标准化技术委员会	数据结构	所有交通模式
GB/T 33576—2017 跨区域交通出行服务信息交换	全国智能运输系统标准化技术委员会	数据交换	城际交通模式
GB/T 20925—2007 基于 XML 的道路客运结算数据交换	全国智能运输系统标准化技术委员会	数据交换	道路客运

续上表

标准名称	发布机构名称	标准内容	适用的运输模式
JT/T 1182.2—2018 基于手机信令的路网运行状态监测数据采集及交换服务 第2部分:数据采集	全国智能运输系统标准化技术委员会	数据采集	所有交通模式
JT/T 1137—2017 城市公共交通管理与服务数据交换规范	全国城市客运标准化技术委员会	数据交换	公共交通
JT/T 1421—2022 综合交通运行监测客运信息数据交换	全国综合交通运输标准化技术委员会	数据交换	所有交通模式
JT/T 1415 交通运输数据资源交换与共享 第1、2、3部分	交通运输信息通信及导航标准化技术委员会	技术要求、数据格式与接口	所有交通模式
JT/T 979.3—2015 道路客运联网售票系统 第3部分:数据交换	交通运输信息通信及导航标准化技术委员会	数据交换	道路客运

第三节 技术标准

技术标准是指对多交通模式出行服务领域中需要协调统一的技术事项所制定的标准,主要涵盖系统应用架构、应用功能、应用模型、用户界面、出行路径规划与导航、票价整合等方面的技术要求和规定。国际标准化组织(ISO)、欧洲标准化委员会(CEN)等机构,针对多交通模式出行涉及的应用服务整合、应用功能模型、服务框架、票价管理、账户管理、路径规划与导航、基础设施等方面制定了一系列标准。国外典型标准化组织关于多交通模式出行的技术标准见表7-5。

国外典型标准化组织关于多交通模式出行的技术标准　　表 7-5

标准名称	发布机构名称	标准内容	适用的运输模式
ISO 37184:2023 Sustainable mobility and transportation—Framework for transportation services by providing meshes for 5G communication	ISO	服务框架	所有交通模式
ISO/TR 17783:2024 Intelligent transport systems—Mobility integration—Role and functional model for mobility services using low Earth orbit (LEO) satellite systems	ISO	功能模型	所有交通模式
ISO/TR 4445:2021 Intelligent transport systems—Mobility integration—Role model of ITS service Application in smart cities	ISO	应用角色模型	所有交通模式
ISO/TR 7872:2022 Intelligent transport systems—Mobility integration—Digital infrastructure service role and functional model for urban ITS service Applications	ISO	数字架构与功能模型	城市交通
ISO/DIS 18561-2 Intelligent transport systems—Urban mobility Applications via nomadic device for green transport management Part 2: Functional requirements and specifications for trip and modal choice Application	ISO	功能需求与规范	城市交通
ISO 24014-1:2021 Public transport—Interoperable fare management system Part 1: Architecture	ISO	票价管理	公共交通
ISO 20529-2: 2021Intelligent transport systems—Framework for Green ITS (G-ITS) standards Part 2: Integrated mobile service Applications	ISO	服务整合	绿色交通模式
ISO/TR 21724-1:2020 Intelligent transport systems—Common Transport Service Account Systems Part 1: Framework and use cases	ISO	账户管理	所有交通模式

续上表

标准名称	发布机构名称	标准内容	适用的运输模式
ISO/DIS 18561-2 Intelligent transport systems—Urban mobility Applications via nomadic device for green transport management Part 2: Functional requirements and specifications for trip and modal choice Application	ISO	功能需求与规范	城市交通
ISO 19134:2007 Geographic information—Location-based services—Multimodal routing and navigation	ISO	路径规划与导航	所有交通模式
ISO/TR 19639:2015 Electronic fee collection—Investigation of EFC standards for common payment schemes for multi-modal transport services	ISO	支付方案	所有交通模式
ISO 20529-2: 2021 Intelligent transport systems—Framework for Green ITS (G-ITS) standards Part 2: Integrated mobile service Applications	ISO	应用整合	绿色交通模式
ISO/CD TR 7874-1 Intelligent transport systems—Mobility integration multimodal pricing Part 1: Framework	ISO	多模式定价	所有交通模式
ISO/CD 16499-1 Sustainable mobility and transportation—Automated mobility using physical and digital infrastructure Part 1: Service role architecture	ISO	基础设施	所有交通模式
ISO/CD TR 24856 Intelligent transport systems—Mobility integration—Role model of the human-centric predictive risk information provisioning service	ISO	风险预测模型	所有交通模式
ISO/CD TR 23797 Intelligent transport systems—Mobility integration—Gap and overlap analysis of ISO/TC 204 work programme for mobility integration	ISO	一体化整合方案	所有交通模式
ISO/IEC CD 7818.2 Information technology—User interfaces—Framework for voice user interfaces for personal mobility services	ISO	语音用户界面框架	所有交通模式

续上表

标准名称	发布机构名称	标准内容	适用的运输模式
ISO/CD 18561-3.2 Intelligent transport systems—Urban mobility applications via nomadic device for green transport management—Part 3：Mobility integration service Applications using hybrid V2X	ISO	应用整合	所有交通模式
CEN ISO/TR 24014 Public transport—Interoperable fare management system—Part 2、3	CEN	票价管理	公共交通
EN 15320：2007 Identification card systems—Surface transport Applications-Interoperable Public Transport Applications—Framework	CEN	身份识别	公共交通

我国全国综合交通运输标准化技术委员会、全国地理信息标准化技术委员会、中国通信标准化协会、全国网络安全标准化技术委员会、交通运输信息通信及导航标准化技术委员会等机构，围绕多交通模式出行服务所涉及的二维码支付、移动支付、电子客票、路径规划与导航、身份认证、信息安全等方面进行了标准研究和制定。我国典型标准化组织关于多交通模式出行方面的技术标准见表7-6。

我国典型标准化组织关于多交通模式出行方面的技术标准 表7-6

标准名称	发布机构名称	标准内容	适用的运输模式
JT/T 1179—2018 交通一卡通二维码支付技术规范	交通运输信息通信及导航标准化技术委员会	二维码支付	所有交通模式
JT/T 1059 交通一卡通移动支付技术规范 第1、2、3、4、5、6、7、8 部分	交通运输信息通信及导航标准化技术委员会	移动支付	所有交通模式
JT/T 1310—2020 综合交通电子客票信息系统互联互通技术规范	全国综合交通运输标准化技术委员会	电子客票	所有交通模式
GB/T 30321—2013 地理信息 基于位置服务 多模式路径规划与导航	全国地理信息标准化技术委员会	路径规划与导航	所有交通模式
YD/T 3532—2019 移动应用身份认证总体技术要求	中国通信标准化协会	身份认证	所有交通模式
GB/T 42017—2022 信息安全技术 网络预约汽车服务数据安全要求	全国网络安全标准化技术委员会	信息安全	网络预约交通模式

第四节 服务标准

服务标准是指统一和规范运输服务的各个方面,以提高运输服务的质量、效率、安全性和可持续性,为公众提供更加便捷、舒适、安全的出行环境,主要涵盖服务规范、服务质量、服务评价、监督机制等方面的要求和规定。国际标准化组织(ISO)、欧洲标准化委员会(CEN)等机构,针对多交通模式出行涉及的车辆限行管理、空气质量管理、交通公平性、企业管理等方面制定了一系列标准。国外典型标准化组织关于多交通模式出行方面的服务标准见表 7-7。

国外典型标准化组织关于多交通模式出行方面的服务标准 表 7-7

标准名称	发布机构名称	标准内容	适用的运输模式
ISO 24311:2024 Intelligent transport systems—Mobility integration—'Controlled zone' management for urban vehicle access restrictions (UVARs) using C-ITS	ISO	车辆限行管理	所有交通模式
ISO/TR 24317:2023 Intelligent transport systems—Mobility integration—Mobility integration needs for vulnerable users and light modes of transport	ISO	特殊群体出行管理	所有交通模式
ISO/TR 7878:2023 Intelligent transport systems—Mobility integration—Enterprise view	ISO	企业管理	MaaS 和 MOD 所涉及交通模式
CEN/TS 17378:2019 Intelligent transport systems—Urban ITS—Air quality management in urban areas	CEN	空气质量管理	所有交通模式

我国全国综合交通运输标准化技术委员会、全国道路运输标准化技术委员会等机构,针对多交通模式出行服务所涉及的服务规范、服务质量、一体化评价等方面进行了标准研究和制定。我国典型标准化组织关于多交通模式出行方面的服务标准见表 7-8。

我国典型标准化组织关于多交通模式出行方面的服务标准　　表7-8

标准名称	发布机构名称	标准内容	适用的运输模式
JT/T 1470—2023 道路客运定制服务规范	全国道路运输标准化技术委员会	服务规范	道路客运
JT/T 1114 旅客联运服务质量要求	全国综合交通运输标准化技术委员会	服务质量	城际交通模式
20241009—T—348 综合交通运输一体化评价指标	全国综合交通运输标准化技术委员会	一体化评价	所有交通模式

除此之外,澳大利亚新南威尔士州政府发布了 MaaS 参与者之间数据共享规范(Data Sharing Specification for the TfNSW Mobility as a Service (MaaS) Innovation Challenge),从数据交换内容、格式、传输、频率、校验等方面进行了规范。荷兰基础设施和水利管理部倡导成立了交通运营商和 MaaS 服务提供商工作组(Transport Operators and MaaS Providers-Working Group,TOMP-WG),该工作组制定了运输服务提供商与 MaaS 服务运营商之间的应用服务接口协议(TOMP-API),明确了 MaaS 需调用的应用程序编程接口(Application Programming Interface,API)及系统互操作性的功能要求。美国洛杉矶市交通局委托私营公司开发了出行数据规范(Mobility Data Specification, MDS),该规范是一个开源的版本化数据共享标准,允许出行服务商和交通局之间进行双向数据交换,所有利益相关方都可以进行讨论。此外,一些 MaaS 运营商(如 MaaS Global, Trafi)围绕 API 方面也制定了企业内部的相关标准。

第五节　经验与启示

近年来,国外围绕可持续、绿色、共享、一体化等不同出行目标,针对多交通模式一体化出行服务涉及的术语、用例、数据交换、数据治理、路径规划、系统应用功能、票价管理、支付方案、特殊群体出行服务等方面,制定了一系列标准规范,尤其是数据类的标准数量偏多。国内各大标准化技术委员会主要侧重于道路客运、城际交通、综合交通等领域,围绕出行服务涉及的相关业务内容(如多模式路径规划与导航、移动支付、电子票务等)开展标准化工作。特别是在城际交通领域,全国综合交通运输标准化技术委员会针对两种或两种以上运输方式(如空铁旅客联运、公路航空旅客联运、公铁旅客联运等)的出行服务制定了标准(如旅客联运术语、旅客联运服务质量要求等)。但城市交通领域跨交通方式一体化出行服务方面的标准尚属空白,我国也暂未针对 MaaS 全业务范畴展开系统的标准体系研究工作。

借鉴国外一体化出行服务标准规范实践经验,建议相关标准化技术委员会组织筹建 MaaS 技术工作组,综合围绕高效、绿色、共享、包容、一体化、可持续等目标,研究建立 MaaS 专题标准体系,统筹协调推进 MaaS 标准的制定与修订工作。同时,应依托行业骨干企业,借助科研院所、平台公司、行业协(学)会、产业联盟等多方力量,通过"产学研用"协同创新,共同突破实现平台建设总体技术要求、数据交换规范、应用服务接口协议、经营服务规范等关键共性技术标准,支撑城市 MaaS 规范建设。此外,建议重视推进标准国际化工作,持续跟踪出行服务领域国际标准,加强与"一带一路"共建国家出行服务领域标准化工作的有效衔接,强化与 ISO、CEN、SAE 等国际及区域标准化组织机构的联系,积极参与 MaaS 国际标准制定。

第八章　MaaS运营体系实践

本章重点围绕 MaaS 建设运营模式和可持续运营生态，开展 MaaS 运营体系实践的研究。其中，建设运营模式直接反映了平台参与者之间的角色关系、出行服务资源整合的复杂程度及运营风险影响程度。各城市应基于当地政策环境、各交通模式体制机制、投融资环境等实际情况，构建相适应的 MaaS 建设运营模式。这需要高效整合不同交通方式的运输服务资源，融合运输服务、监督管理、商业合作等内容，创新构建多元化、可持续的运营生态，最终，通过数字化手段为各参与主体进行数字赋能，实现互利共赢。

第一节　MaaS 典型建设运营模式

一、国外 MaaS 典型建设运营模式

根据国外 MaaS 产品实践经验，国外 MaaS 建设运营模式可从两方面进行分类，一是基于 MaaS 运营主体类型，二是基于 MaaS 运营主体角色定位。

1. 基于 MaaS 运营主体类型

根据 MaaS 运营主体类型，MaaS 建设运营模式主要分为三种，分别为政府主导模式、私营企业主导模式和政企合作模式。

政府主导模式：由政府注资组建成立 MaaS 运营主体，综合考虑私人交通、公共交通、共享交通等交通运输模式，支持 MaaS 的建设与发展。该模式下，MaaS 平

台具有更好的社会包容性,更加注重提高公共交通出行分担率,改善用户出行体验,促进交通可持续发展。国际上的 Smile、Beelie、Jelbi 等平台采用了这种模式。

私营企业主导模式:由私营企业作为 MaaS 运营主体,负责 MaaS 的投资、建设、运营与服务。该模式更注重保证运营利润率与技术利用率,在出行产品和服务方面具有更强的创新能力。运输服务提供商通过加入 MaaS 系统扩大用户使用规模,政府交通运输管理部门不参与 MaaS 平台的建设和运营。国际上的 Whim、Moovel、SHIFT、HelloGo 等平台采用了这种模式。

政企合作模式:政府与私营企业通过数据合作等方式开展 MaaS 建设、运营与服务。其中,政府在初始阶段,可作为协调机构,加快不同交通模式之间的整合进程,降低平台初始运营成本。同时,政府参与 MaaS 建设、运营和服务,可以一定程度上降低私营企业主导建设存在的风险,有助于 MaaS 平台的建设和发展。国际上的 EMMA 、HANNOVERmobil 等平台采用了这种模式。

2. 基于 MaaS 运营主体角色定位

基于 MaaS 运营主体角色,MaaS 建设运营模式可分为“持有人”模式、“经纪人”模式和“运营商”模式三种类型。

“持有人”模式:MaaS 服务提供商仅整合自营出行服务(单一品牌),而第三方所提供的出行服务必须通过专有 App 单独访问。该模式下,用户可使用的交通模式种类有限,主要以铁路公司、公共交通公司为主进行经营。

“经纪人”模式:MaaS 服务提供商对自营出行服务进行整合,同时担任第三方出行服务的经纪人或中介(使用第三方品牌),获取一定的中介费或佣金。该模式下,第三方出行服务需要签发单独的车票。国际上的 Moovel、Qixxit、Wien-Mobil 等 MaaS 平台主要采用这种模式。

“运营商”模式:MaaS 服务提供商同时对自营服务和第三方服务进行整合,成立新的品牌,承担为用户提供自有出行服务和第三方出行服务的责任。用户出行可购买涵盖各种交通模式出行服务。MaaS 服务运营商负责将用户支付的票费按照清分和合作规则结算给相关的第三方服务提供商。该模式下,用户可获得更好的出行体验。国际上主要是芬兰 MaaS Global 公司采用该模式运营。

二、国内 MaaS 典型建设运营模式

根据国内城市 MaaS 实践情况,国内 MaaS 建设运营模式可基于 MaaS 平台

建设运营资金来源、数据获取方式等因素进行分类，主要包括以下四种典型模式。

(1)模式一：政府提供数据但不参与运营服务。

政府与 MaaS 服务提供商签订数据合作协议，通过数据交换的方式向 MaaS 服务提供商提供出行服务数据，但不参与 MaaS 平台的运营与服务。MaaS 服务提供商一般为科技公司、出行服务平台公司或运输服务提供商，通常采用数据对接方式从政府部门获取各种交通模式数据资源，开展 MaaS 平台建设与运营服务。该模式示意图如图 8-1 所示。目前，北京、贵阳等地的 MaaS 平台主要采用这种模式。

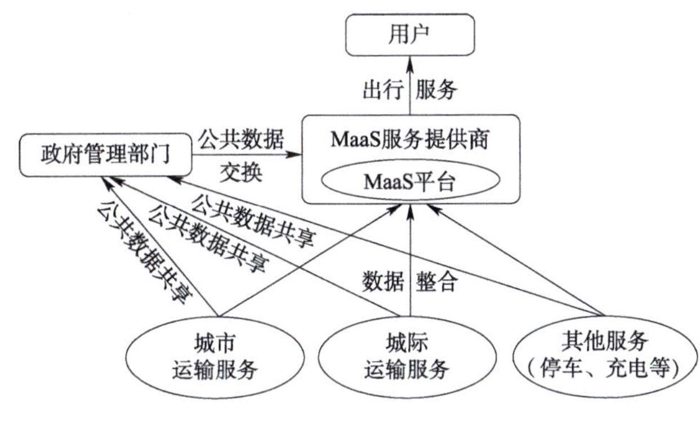

图 8-1 建设运营模式一示意图

(2)模式二：政府整合数据并负责运营服务。

政府牵头组建成立 MaaS 服务提供商，整合各种交通模式数据资源，并指导 MaaS 服务提供商开展 MaaS 平台建设、运营和服务。MaaS 服务提供商一般为当地交通运输领域国有企业，全面负责 MaaS 平台建设、运力资源整合、运营团队建设和对外运营服务等。该模式示意图如图 8-2 所示。目前，上海、海南、淮安等地的 MaaS 平台主要采用这种模式。

(3)模式三：政府提供数据且参与运营服务。

政府指导当地交通运输领域国有企业，联合社会力量组建成立 MaaS 服务提供商，共同开展 MaaS 平台建设与运营服务。其中，国有企业主要提供数据资源和运力资源，社会力量主要负责 MaaS 平台研发、运维与对外运营服务。该模式示意图如图 8-3 所示。目前，柳州、南通 MaaS 平台主要采用这种模式。

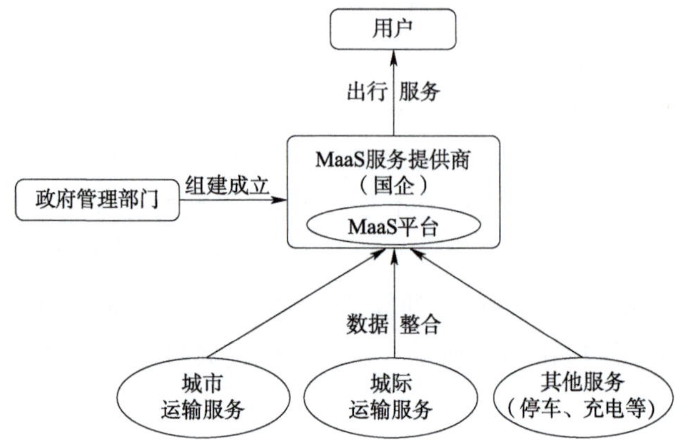

图 8-2　建设运营模式二示意图

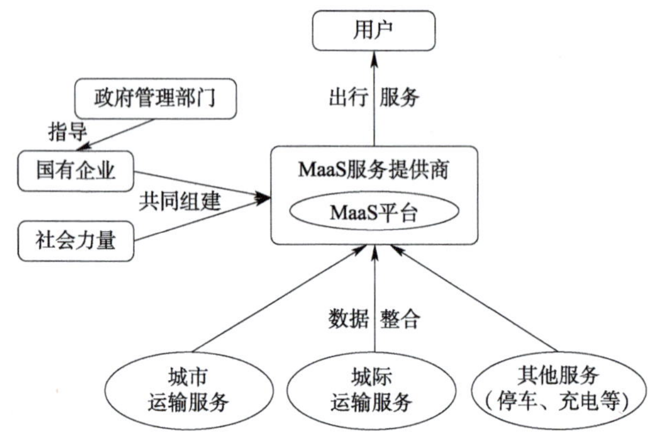

图 8-3　建设运营模式三示意图

(4)模式四:政府不参与,社会力量负责运营服务。

社会力量牵头开展 MaaS 平台建设、运营和服务,通过购买或资源置换等方式获取并整合相关运输服务数据资源,政府不参与 MaaS 平台建设和运营服务。该模式示意图如图 8-4 所示。目前,滴滴出行、支付宝、高德地图等平台采用这种模式。

以上四种建设运营模式中,因政府在数据整合、平台建设、运营服务等方面参与力度不同,各模式优劣势也不同。不同城市应根据自身实际情况,选取适宜的模式开展 MaaS 建设、运营与服务。四种模式优劣势比较情况见表 8-1。

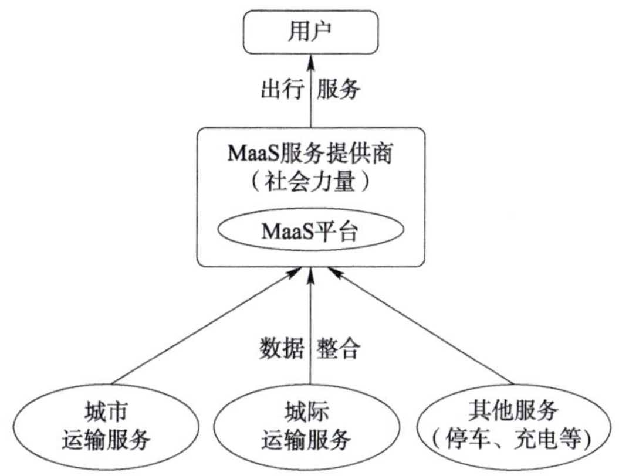

图 8-4 建设运营模式四示意图

四种典型建设运营模式优劣势比较 表 8-1

模式	优劣势分析
政府提供数据但不参与运营服务	①优势： 政府负责协调各种交通方式数据共享，保障公共交通在 MaaS 系统中的主体地位，引导 MaaS 发展与城市绿色可持续出行发展战略相一致； 平台运营商负责运营服务，可减少政府财政资金投入，同时在政府协助下获取和整合各种交通方式数据较为便捷。 ②劣势： 政府对 MaaS 服务监管比较困难，后期 MaaS 平台运营商可能会因追求商业利益而忽视服务质量和公共利益
政府整合数据并负责运营服务	①优势： 政府在 MaaS 建设、运营中拥有主导权，整合运输服务资源相对容易，尤其是公共运输服务资源（如公共交通、静态交通等）； MaaS 发展目标与城市绿色出行、交通可持续发展目标保持一致。 ②劣势： 平台初创期的开发、运营和维护往往需要大量政府资金支持，导致公共财政和人力负担较重； 相较于市场中成熟的互联网出行服务企业，该模式下的 MaaS 平台运营在市场需求敏捷性、产品和服务商业创新能力、营销手段灵活性等方面并没有优势，需要具有强大的自驱力，不断创新，才能维持、提高平台用户活跃度

续上表

模式	优劣势分析
政府提供数据且参与运营服务	①优势： 国有企业在市场影响力、政策支持和资金实力等方面具有优势； 私营企业往往具有较强的市场敏感性和灵活性，提供创新的商业模式和先进的技术，不断优化服务、改善用户体验、提高运营收入，以减少政府财政投入； 双方可以资源互补，共同出资、共同经营、共负盈亏、共担风险。 ②劣势： 涉及合作伙伴多，可能会增加管理的难度和复杂性，对成立平台公司股权结构的设计、决策流程、财务合规性等方面提出了更高的要求
政府不参与，社会力量负责运营服务	①优势： 平台公司会针对不同用户群体需求，细分出行市场，丰富各种差异化产品，为用户提供更优质、更多样化的出行选择； 平台地理可扩展性强，可通过商业组织实现在不同城市、地区的业务拓展。 ②劣势： 各运输服务提供商数据共享意愿不强，整合数据难度大，不利于一体化出行服务发展； 平台运营企业可能会因为逐利性，引导用户使用利润率较高的高碳交通方式出行（如网约车），与倡导的城市绿色出行、交通可持续发展等目标不一致

第二节　MaaS 可持续运营生态

当前，各城市 MaaS 平台正积极开展出行市场培育，一方面通过技术创新驱动，不断迭代优化平台功能，拓展业务范围，提升用户体验；另一方面不断丰富出行服务产品，挖掘数据、碳、票等要素资源价值，积极探索与食、住、游、娱、购等消费领域跨界合作模式，探索构建可持续的运营生态体系。基于各地 MaaS 实践经验，MaaS 可持续运营生态主要包括以下几个方面。

一、多样化出行服务产品

面向上班族、商旅人员、中小学生、老年人等不同群体类型，围绕通勤、通学、商旅、就医、购物等不同出行需求,MaaS 平台通过整合多种交通模式服务资源,设计多样化、定制化的出行服务产品,如联程套票、换乘优惠、定制公交、微循环巴士、一键叫车、预约停车等服务,出行者可按需选择适合自己的出行服务产品。其中,联程套票是将公共汽电车、轨道交通、共享单车、出租汽车(含网约车)、停车、充电等不同交通模式或配套资源,按时间、次数、里程等进行组合打包、定价,出行者可在一定期限内自由选择各类交通模式,并享受多次乘车出行服务。

二、多元化资源要素经营

MaaS 平台在高频运营服务过程中会产生海量的实时运行数据、用户流量数据、多交通模式碳排放数据等,涉及多种交通模式票务资源。MaaS 服务提供商一方面挖掘利用数据、碳、票等要素资源,探索能将平台与用户、企业等建立实物化、价值化粘连关系的运营模式,如提供大数据产品和服务、实施绿色出行碳普惠等,实现虚拟要素资产变现;另一方面,利用平台用户流量资源,通过与广告、金融、保险等企业进行商业合作,实现平台流量价值转化。典型运营场景如下。

1. 大数据产品和服务

挖掘利用车辆位置、线网客流、出行轨迹、乘车支付等海量出行数据应用价值,如支撑公共交通线网优化、运输服务资源优化配置、用户出行偏好获取、实时车辆位置信息服务等。MaaS 服务提供商可将原始数据或经过数据处理分析形成的数据产品及服务,通过数据咨询的方式向参与主体出售或通过数据交易的方式在大数据交易平台直接交易,从而实现数据价值变现。数据交易场景示意图如图 8-5 所示。

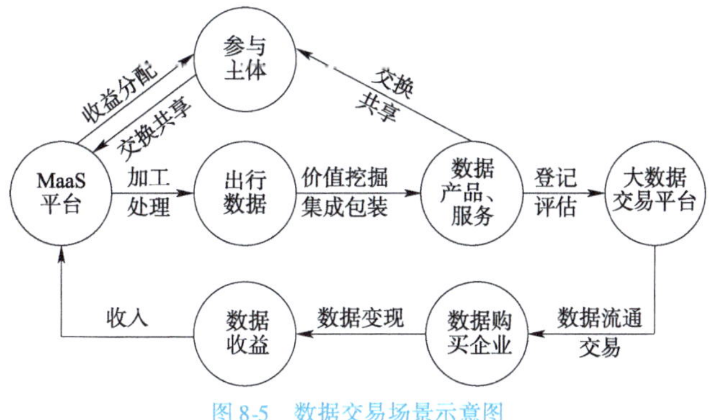

图 8-5 数据交易场景示意图

2. 绿色出行碳普惠

以促进绿色出行为导向,构建绿色出行碳普惠激励机制。面向出行者建立个人碳账户,通过 MaaS 平台监测个体出行碳足迹,获取碳排放数据。基于碳排放主管部门认证的低碳出行减排方法学,测算、统计出行者碳减排量。经过第三方碳排放核查机构核算、核验后,在碳交易市场登记、交易获取一定收益,并反哺激励选择公共汽电车、城市轨道交通、自行车、步行等绿色交通方式出行的用户,用户可使用累积碳减排量兑换公共交通优惠券、购物代金券等奖励,形成良性闭环。MaaS 碳普惠场景示意图如图 8-6 所示。

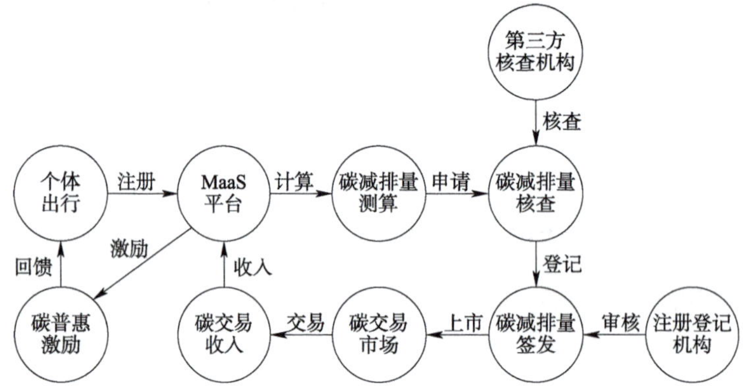

图 8-6 MaaS 碳普惠场景示意图

3. 用户流量经营

利用平台海量用户流量,与广告、金融、保险、零售、快递等行业进行商业合作。通过广告投放、便利零售、商家促销、票务保险、快递服务、会员权益等方式,提高用户参与度,促进平台的用户流量转化和收益增加。

三、出行+消费融合发展

探索与食、住、游、娱、购等消费领域跨域融合发展的运营模式,加强与旅游景点管理部门、消费平台运营企业、商家店铺等合作,拓展包含餐饮预约、住宿预定、特产售卖、休闲娱乐、票务购买等服务功能,为用户提供菜单式、定制化的服务,实现出行平台与消费平台间相互引流、相互赋能。

1.“出行+旅游”融合场景

探索与旅行社、旅游景点、旅游度假区、旅游休闲街区、酒店等合作，深化推广“车票+门票”“车票+门票+酒店”等一站式运游融合服务产品。

2.“出行+消费”融合场景

探索与互联网消费平台合作，增强平台用户粘性，为消费商家提供广告宣传、位置查询、出行导航、消息推送等服务，还可实施到店消费赠送公共交通车票、发放商家优惠券等活动，针对用户提供餐饮外卖、到店接送等服务，实现多品牌联合促销宣传。

四、数字产业生态圈

基于 MaaS 平台海量高频用户资源，丰富出行应用场景，充分吸纳车联网、物联网、自动驾驶、地图导航、网络通信、汽车电子、银行保险、物流配送、地产物业、便利零售、投融资、旅游消费等提供服务和管理的企业进驻合作，通过合作运营或投资共建等模式，带动相关产业发展，形成数字交通产业生态圈，实现生态共赢。数字产业生态圈利益主体示意图如图 8-7 所示。

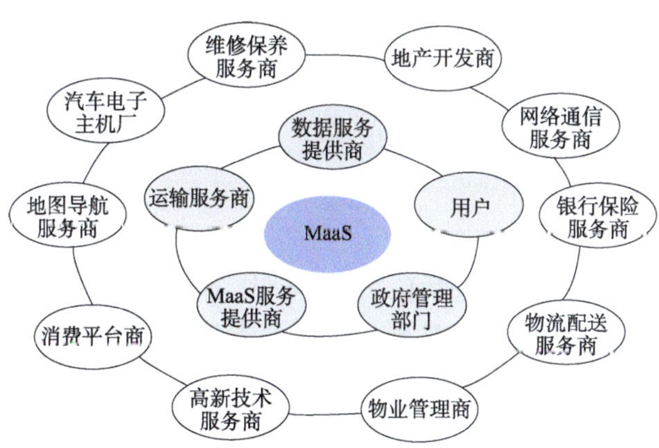

图 8-7　数字产业生态圈利益主体示意图

第九章 MaaS平台建设实践

MaaS 平台建设以各交通模式的数字化基础设施为基础,整合各交通模式出行服务数据资源,形成数据资源中心,并面向 MaaS 出行者、提供者、管理者,研发多模式协同的能力中枢和一体化出行服务应用系统,实现线上化运营、数字化服务和高效化监管,提升出行服务品质、提高运营服务效率、规范行业管理,助力城市出行服务转型升级与高质量发展。

第一节 数字基础设施

数字基础设施为新技术、新应用、新场景、新模式、新业态的发展提供重要载体和平台,为经济高质量发展提供重要支撑。数字基础设施(digital infrastructure)是以数据创新为驱动、通信网络为基础、数据算力设施为核心的基础设施体系。从技术层面看,为了实现不同用户群体与运营服务过程中精准感知监测、数据高效汇聚与高质量管理、数字化业务支持与融合服务,MaaS 数字基础设施主要涉及状态感知监测、网络通信、计算存储等信息与通信技术(Information and Communications Technology,ICT)基础设施以及数据中台、业务中台和技术中台等数字能力中台。数字化基础设施总体框架如图 9-1 所示。

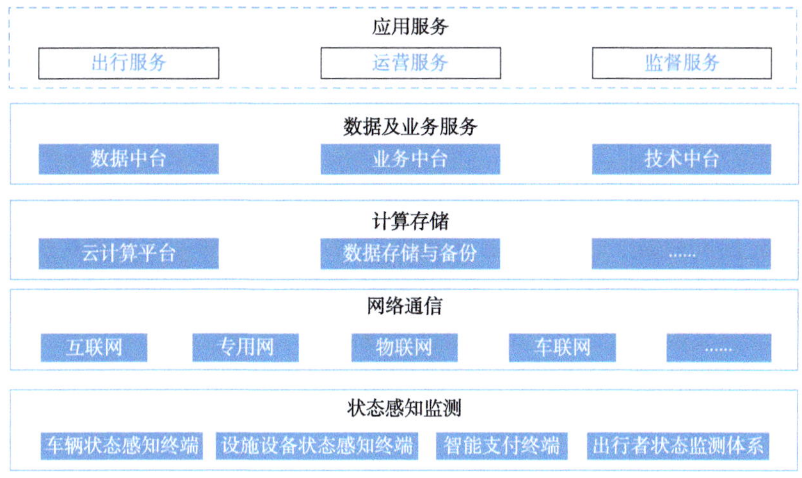

图 9-1 数字化基础设施总体框架

一、信息与通信技术基础设施

1. 状态感知监测

面向各类用户群体多方式全链出行需求，不断完善各交通方式载运工具、设施设备、智能支付等状态感知终端体系建设，为乘客不同出行阶段的综合信息查询、售检票、支付等提供全方位信息服务。具体包括以下内容。

车辆及设施设备状态感知终端：围绕车辆（位置、速度等）、设施（场、站、停车、充电等）、设备（闸机、售检票、监控设备等）等运行状态进行动态感知，监测终端，如物联网感知终端（集成定位、射频识别、视频、光电等）、人机交互系统（应用平台、手持终端 App 等）。

智能支付终端：主要包括集成电路卡（Integrated Circuit，IC）、近距离无线通信（Near Field Communication，NFC）、非接触式（如二维码、人脸识别）智能支付终端等，能够自动识别乘客乘坐车辆的时间、路线等信息，实现精准计费。

出行者状态监测体系：通过车辆和设施（车站、枢纽等）布设的物联网感知终端（视频、称重、红外、电子支付等）、人机交互（应用平台、手持终端 App 等）

和众包数据(手机信令、导航、社交 App 等)方式采集客流、拥挤度、出行特征(画像)与行为等数据,实现出行者在途出行行为状态监测和全方式、全过程出行特征的一体化精准感知。

2. 网络通信

各运输模式车载、站载、数据中心等场所,按照“端-边-云”网联化、一体化建设思路,建设涵盖互联网、交通专用网、物联网、车联网等泛在连接服务能力的网络通信基础设施,尤其应注重 MaaS 平台高并发用户访问、高可靠票务清分、高频数据交换等关键业务的安全可靠通信能力建设。

(1)互联网建设。

建设完善的互联网通信环境,为 MaaS 平台对外出行服务、运营服务、经营管理、监督服务等业务应用以及第三方导航、票务、出行等服务提供互联网接入服务。

(2)专用网建设。

为视频接入、融合通信、集群部署等建设专用通信网络,一般采用 SDH/MSTP 光纤传输系统、分组传送网(PTN)系统组建,也可采用光传送网(OTN)、以太网交换技术组建,当接入网通信站点较多、带宽需求较大时,宜采用 OTN 接入网。

(3)物联网建设。

在各运输方式已有物联网建设基础上,贯通“云、网、端”,进一步优化完善,为各方式车载、场站、车站以及客运枢纽等设施布设的各类智能终端与边缘计算设备等提供完善的网络通信条件。

车载网络:实现整车运行过程中各类总成、零部件、智能装备的数据采集、汇聚与交换,一般由总线网络、以太网络构成;实现整车与出行即服务平台之间的数据传输,一般采用移动通信网络;实现整车与路口、站台、出入口等路侧单元之间的数据传输与交换,一般采用 V2X 等短距离无线通信网络。

路、场、站、枢纽设施网络:实现路、场、站内设施设备之间以及设施设备与边缘计算设备之间的域内互联,一般采用 Wi-Fi、有线(以太网、光纤)等通信方式;路、场、站、枢纽内设施设备或边缘计算设备与 MaaS 平台之间的数据传输,一般采用有线(光纤)、无线(3G、4G、5G)等通信方式。

3. 计算存储

城市应以数据和应用上云的方式开展计算存储能力建设，综合考虑跨集群发布部署能力、跨平台资源管控能力、异构资源一体化管理能力和数据信息安全需要，可采用公有云、私有云、混合云等模式建设和部署数据中心，提供可共享、可扩展、可定制的弹性计算资源和存储资源，根据平台冷、温、热等不同类型数据采用差异化计算存储策略和技术。

公有云模式：在数据安全性要求不高、不具备计算与存储资源等基础设施条件，短期资金投入不高等情况下可采用。

私有云模式：在信息安全和数据安全保障要求高、具备一定的计算与存储资源等基础设施条件，资金投入充足等情况下可采用。

混合云模式：在出于安全性需要将关键数据和非保密数据分开存储和使用，或兼顾安全性与成本控制等情况下可采用。

二、数字能力中台

“中台”是为前台而生的平台，其目标是更好地服务前台规模化创新，进而更好地服务用户，使企业切实做到自身能力与用户需求的持续对接，具有敏捷、解耦、复用特征。

敏捷：将大型应用变为多个小型应用的组合，更好适应外部的快速变化，实现业务的敏捷处理。

解耦：随着业务的发展，业务系统之间的交互通常会变得越来越复杂。一个功能的修改可能会影响很多方面。只有将需要大量交互的功能从应用中拆解出来，实现其独立，才使应用之间的耦合度大幅下降。

复用：一些公共的能力通过复用，大大提高了开发效率，避免了重复建设。同时，使数据和流程可以集中管理和优化。

MaaS 数字能力中台主要包括数据中台、业务中台、技术中台。

1. 数据中台

主要指数据管控和服务平台，提供 MaaS 平台相关的全域数据集成整合、数据清洗、数据流监控、数据域管理、数据模型管理、数据决策分析、数据资产管理、数据价值开发、数据对外服务等能力，能够实现高效、易用的数据应用服务，为数据互融互通、MaaS 服务产品创新以及数据价值提升提供支撑。

2. 业务中台

采用微服务软件架构建设业务中台，沉淀 MaaS 平台中涉及的用户特征与行为分析、订单管理与票务清分、出行方案与运力调度、路径规划与信息服务等通用业务服务能力。通过微服务实现各类业务模型与数据资源的建模与封装，转化为前端业务应用可重用的核心服务能力，支撑 MaaS 平台应用功能开发、运营和管理，有效提升 MaaS 平台业务扩展能力和灵活敏捷的场景化应用部署能力。

3. 技术中台

在后端资源基础上建设技术中台，基于云平台技术实现存储算力的池化封装，向下完成与底层资源对接，向上为业务中台和数据中台提供技术支撑。一是通过分布式数据库与数据处理组件支撑数据中台的高效治理；二是通过微服务开发框架支撑业务中台各类业务的管理；三是通过 API 网关与负载均衡实现消息队列与流量管理；四是通过标准化 API 实现与外部第三方应用服务的接入管理，支撑上层应用的快速开发与部署。

第二节　数据资源中心

数据资源整合是 MaaS 平台应用和分析的基础保障。MaaS 能够将不同交通模式全面集成，约定各模式间的合作规则，通过统一数字化出行服务平台连接城市公共和私人运输服务提供商。在运营服务过程中，MaaS 平台涉及用户、运输服务商、政府管理部门、第三方技术支持单位等核心利益相关者之间的数据需求及数据交换共享。MaaS 数据资源中心的主要功能是全面采集、整合多种交通模式出行服务数据，满足一体化出行服务数据需求，实现与各利益相关主体（如运输服务提供商、政府管理部门、第三方出行服务提供商、第三方技术服务提供商等）的数据交换共享，同时构建数据资源治理体系，为 MaaS 应用服务提供数据支撑，其数据架构如图 9-2 所示。

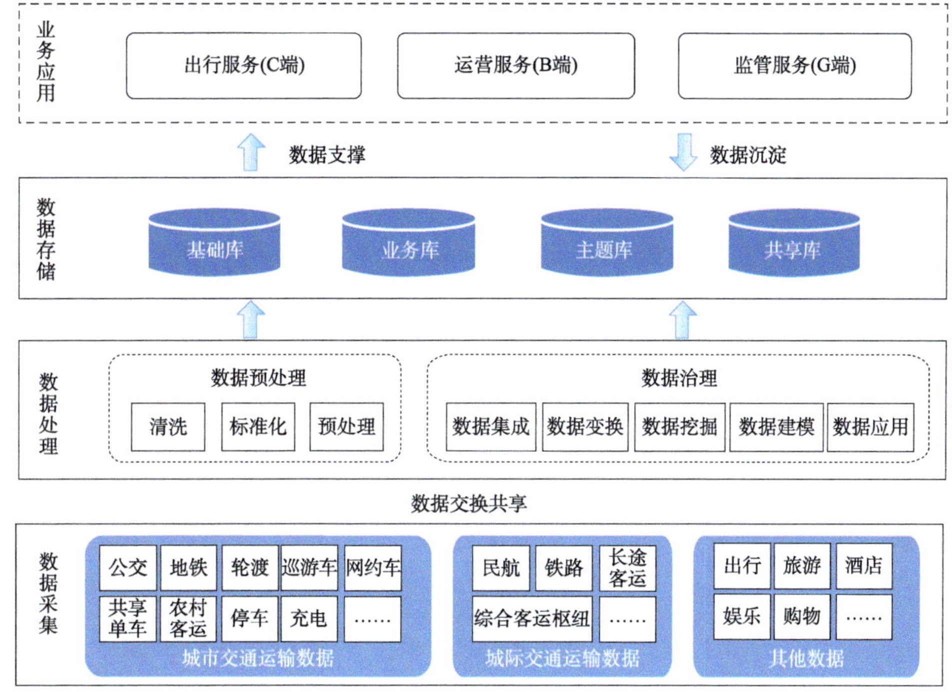

图 9-2 数据架构图

一、数据资源需求

围绕出行服务、运营服务、监管服务三大类业务应用需求，系统梳理 MaaS 平台数据资源需求，经分析主要包括基础类、业务类、其他类三大类数据，具体情况详见表 9-1。

数据需求情况 表 9-1

数据类别	数据内容
基础类	用户(如出行者、运输服务提供商、从业人员等)、车辆、场站、线路及排班计划、设施设备、枢纽、停车位、充电桩、公交专用道、道路等基础类信息
业务类	车辆位置、客运网络满载情况、路况、乘车码、票价等服务类信息； 车辆运行状态、订单状态、票款交易情况、停车场/位使用情况、充电桩使用情况等运营类信息； 服务质量考核、满意度评价、信用评价、订单合规情况、碳排放核算等管理类信息
其他类	交通事故、道路施工、气象、旅游景点、商家店铺等其他类信息

二、数据资源交换

由于不同运输服务提供商的数据存储标准存在差异,无法直接融合。为满足数据交换的要求,由各运输服务提供商独立生成数据,并基于统一标准进行运输服务提供商间的信息交互。各运输服务提供商必须提供可供外部调用的数据底层 API,并进行数据上传,而数据标准不兼容问题则通过顶层 API 解决。其主要目的是有效整合分散异构系统的信息资源,消除“信息孤岛”现象,实现 MaaS 平台与各系统间数据交换、信息共享与业务协同。

1. 数据交换体系

MaaS 提供者需频繁调用并融合政府管理部门、运输服务提供商、支付服务提供商、其他服务提供商和平台的数据。具体数据交换体系架构,如图 9-3 所示。

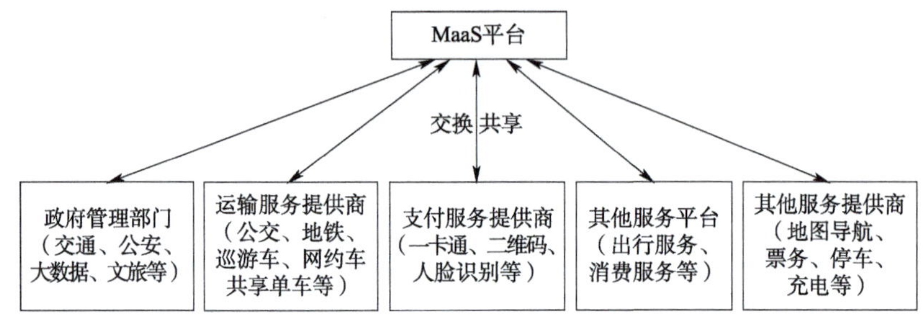

图 9-3　城市 MaaS 平台数据交换体系架构

2. 数据交换要求

标准化数据接口:应采用行业标准的数据接口和协议,确保平台与不同系统和服务之间的数据交换能够高效进行。

实时数据同步:应建立实时数据同步机制,确保各个组件和模块使用的数据保持实时一致,提高平台的响应速度。

第三方接入:应提供开放的应用程序编程接口(Application Program ming Interface,API),以便第三方开发者和服务提供商接入平台,促进生态系统的多样性和发展。

安全数据传输:应采用加密和其他安全措施,确保数据在传输过程中的机密性和完整性,防止数据泄露和篡改。

三、数据资源治理

数据治理是 MaaS 服务提供商在运营服务过程中涉及数据使用的一整套管理行为,主要由数据治理部门发起并推行,明确数据治理的目标、策略、标准、流程和责任,建立监管机制,对数据治理的执行进行监测和评估,确保数据资源的质量和安全,进而构建平台数据资产。数据治理最终目标是提升数据的价值,降低数据管理风险,确保数据资产能够支持业务需求。数据治理的关键内容包括数据质量管理、数据安全保护、数据资产构建等关键内容。

1. 数据质量管理

确保数据的准确性、完整性、一致性、及时性和可靠性。建立数据质量标准,并监测、评估和改进数据质量。

(1)数据定义和识别:定义 MaaS 平台中的所有数据,包括数据来源、用途、所有权和质量要求,确保一致的数据定义;标识关键数据元素,识别基础数据、主数据资源等。

(2)文档和元数据管理:建立完善的文档和元数据管理体系,记录数据的定义、结构、关系等信息,支持数据的理解、使用和管理。

(3)数据生命周期管理:数据质量管理应贯穿数据生命周期的全过程,包括数据的采集、存储、归档和销毁,以避免不必要的数据冗余和安全风险。

2. 数据安全保护

数据治理应符合相关法规的安全政策,建立涵盖数据安全策略、访问审计机制、使用情况监测与风险预防响应在内的数据安全管理体系,数据安全保护的关键要求包括以下内容。

(1)数据合规性:严格按照国家《网络安全法》《数据安全法》《关键信息基础设施安全保护条例》等相关法律法规要求,制定数据合规性管理制度,从源头开展数据合规性审查,确保数据处理活动合法合规,降低法律风险。

(2)数据安全和隐私:制定符合《个人信息保护法》《交通运输数据脱敏指南》等相关法规和标准要求的安全政策,确保敏感数据的保护,包括身份验证、授权、加密和监控,以及加密传输存储、数据匿名化处理,保障数据安全和隐私。

3. 数据资产构建

制定将数据资产作为生产要素的权责制度和经营策略，挖掘数据资产价值。数据资产构建的关键内容包括以下部分。

(1)数据所有权和责任：建立统一的认责流程和管理办法，明确每个数据元素的所有权和管理责任，包括数据治理过程中的决策、执行、解释、汇报、协调等活动，将数据认责纳入平台绩效考核。

(2)数据分类分级：按公共数据、企业数据分类构建数据资产，应根据数据的来源、内容、用途、价值、影响范围、敏感程度、保密等进行详细分类，一般可将数据资产划分为公开、内部、敏感、机密等不同的级别。

(3)数据价值管理：依据《关于构建数据基础制度更好发挥数据要素作用的意见》(国务院公报 2023 年第 1 号)、《企业数据资源相关会计处理暂行规定》(财会〔2023〕11 号)、《数据资产评估指导意见》(中评协〔2023〕17 号)、《关于加强数据资产管理的指导意见》(财资〔2023〕141 号)等文件要求，建立数据资产价值评估体系，建设数据资产入表基础设施，评估数据成本和数据的应用价值，促进 MaaS 平台数据资源的价值开发。

第三节　核心能力中枢

MaaS 核心能力中枢主要为 MaaS 平台关键业务提供技术支撑，涉及 6 大能力中枢，包括换乘联程能力中枢、预约订单能力中枢、一码通乘能力中枢、支付清分能力中枢、信息服务能力中枢和碳普惠能力中枢。

一、换乘联程能力中枢

换乘联程能力中枢主要为联程换乘优惠订单清分结算、补贴发放等业务提供能力支撑，主要为运输服务提供商提供信息管理、票款收款平台(如一卡通公司、银联、支付宝、微信等)信息管理、展码渠道服务商信息管理、联程换乘优惠管理(包括优惠规则、优惠群体信息、优惠金额计算、优惠补贴规则、补贴发放、补贴核销等内容管理)、停车换乘优惠管理、用户联程换乘行程管理、换乘联程订单管理等支持。

二、预约订单能力中枢

预约订单能力中枢为联程出行场景预约管理业务提供能力支撑，实现不同出行方式预约订单整合和智能化订单分发，主要提供订单信息管理、订单拆分管理、订单分发管理、订单交易管理（包括交易记录、退款、分账、充值等）以及交易账单管理等支持。

三、一码通乘能力中枢

一码通乘能力中枢与各交通模式的发码平台对接，获得发码授权，从而获取乘车码展码能力，实现公交、地铁、轮渡等多码合一、扫码乘车、联程出行套票的一码通行，并提供乘车码密钥管理、生码规则管理、发码管理、出行票卡管理、乘车码应用场景管理等支持。

四、支付清分能力中枢

支付清分能力中枢基于用户出行轨迹数据（包括出行模式、出行时间、出行距离等数据）和交易数据（包括上车、下车、购票、退票、储值等数据），通过清分模型按各运输服务提供商的服务贡献度进行清分结算，并以系统分发的方式完成收益的分配，主要提供清分规则管理、结算规则管理、清分任务管理、结算任务管理、票款清结算管理（包括出行场景、交旅融合场景、出行+消费场景等）以及对账管理等支持。

五、信息服务能力中枢

信息服务能力中枢将公共汽电车、轨道交通、出租汽车（含网约车）、共享单车、停车、充电等信息进行整合和分发，为各交通模式一体化信息服务业务提供支撑，提供包括各交通模式信息接入管理、信息服务管理（包括实时路况、车辆位置、车辆到站信息、拥挤度、紧急消息提醒等）、信息发布管理等支持。

六、碳普惠能力中枢

碳普惠能力中枢将时间、位置、方式、个人信息四类出行数据进行汇集，基于用户的出行轨迹数据和城市低碳出行碳减排方法学,实时计算用户出行行程所产生的碳减排量,并且计入用户或者企业的碳减排账户,提供包括个人碳账户管理、碳减排方法学管理、碳减排量计算、碳积分规则管理、碳积分管理、碳积分兑换规则管理、出行权益产品信息管理、出行权益分配管理、出行权益结算管理、出行权益核销管理等支持。

第四节　业务应用体系

MaaS 平台业务范畴主要包括面向出行者的出行服务、面向 MaaS 服务提供者的运营服务和面向行业管理者的监管服务三大核心业务。具体涉及三方面内外部业务协同关系:一是与城市内、外运输服务提供商间的运营协调与联动响应;二是与政府管理部门(如交通、住建、公安、发改等)相关业务系统间的监管协同与应急联动;三是与其他平台(如其他出行服务、消费服务平台)间的业务融合。平台具体业务架构如图 9-4 所示。

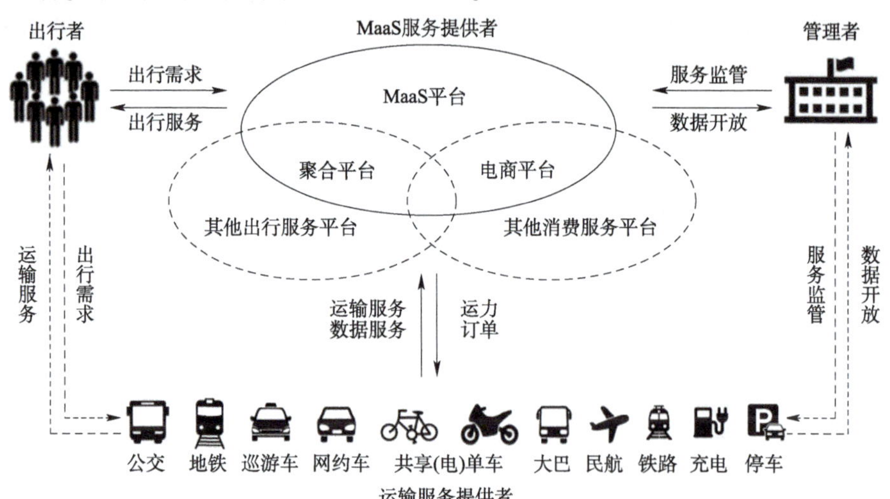

图 9-4　平台业务架构图

一、业务需求

MaaS 平台业务对象主要包括出行者、运输服务提供者、管理者和 MaaS 服务提供者,各业务对象的业务需求情况如下。

MaaS 出行者:主要为实现某种目的而通过一种或多种运输模式进行空间位置上的移动。由于不同的出行者其社会属性(如性别、年龄、身体状况、收入情况等)、出行目的(通勤、通学、就医、游憩等)、出行偏好(便捷性、时间、可靠性、价格、舒适度等)不同,从而对出行服务需求也存在差异。总的来说,MaaS 出行者核心需求是能够在出行前(到站、候车)、出行中(乘车、换乘、离站)、出行后,按需享受到可供选择的门到门、无缝衔接的出行服务。

运输服务提供者:提供运输服务的主体,其业务需求主要是企业高效运营和智能管理,为出行者提供更加安全、舒适、可靠的出行服务,同时关注加入 MaaS 服务体系能否增强其竞争力,能否带来更多客流提高运营收入,促进其可持续发展等需求。

管理者:MaaS 运营服务规则制定者、监管者,其需求围绕安全、便捷、高效、绿色、经济、包容、韧性等发展目标,掌握一定出行服务数据、有效驱动政府科学管理和投资决策。

MaaS 服务提供者:作为 MaaS 平台运营主体,负责 MaaS 运营、管理与服务,其需求主要包括不同运输模式数据资源开放共享、合理的运营协同机制、灵活的票制票价制度、明确的支付、票务、信息等服务衔接规则以及公平发展环境等内容。

二、业务应用功能

基于业务需求, MaaS 平台业务应用功能主要包括 MaaS 出行服务、运营服务和监管服务三类业务应用功能。其中,MaaS 出行服务应能通过智能移动终端 App、微信小程序等方式,为出行者提供账户管理、信息查询、联程规划、行程预约、票务支付、投诉评价、增值服务等功能;MaaS 运营服务主要包括运力资源管理、预约订单管理、出行服务管理、支付清分管理、资源经营管理、综合统计分析等功能;MaaS 监管服务主要包括服务监督、应急管理、考核评价和信用监管等功能,平台具体应用框架如图 9-5 所示。

1. MaaS 出行服务

(1)账户管理。

应包括注册、登录和注销等账号管理,支付、订单、积分等资产管理,以及实名认证和发票开具等服务功能。

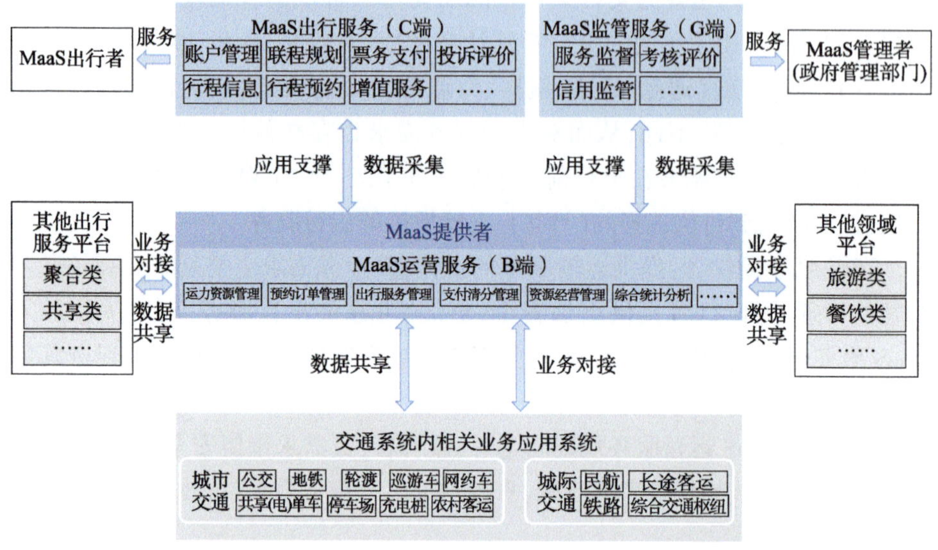

图 9-5　平台业务应用架构图

(2)行程信息。

应包括查询各类交通模式线路、站点、票价、车辆位置、车辆到站预报、行程耗时预报、换乘线路、车辆和道路拥挤状况、支付记录等信息功能。

(3)联程规划。

应包括多方式联程出行规划方案制定生成与实时动态调整,以及上下车信息、换乘信息、运行异动信息实时提醒等信息服务功能。

(4)行程预约。

应包括行程预约、更改、取消等预约管理,以及预约车辆信息、车辆预计到达时间、候车位置等信息服务功能。

(5)票务支付。

应包括单一交通方式乘车码、公共交通一码通乘、联程订单或套餐一键支付等服务功能。

(6)投诉评价。

应包括信息咨询、服务评价、投诉建议、失物招领以及查看事件处理进展等服务功能。

(7)增值服务。

应包括停车、补能(充电、加油、加气)、景区、餐饮、住宿、休闲娱乐等信息服务功能。

2. MaaS 运营服务

(1)运力资源管理。

应包括企业信息管理、日常运行状态监测、运输计划调整、运行异常预警以及突发事件下跨系统应急调度等功能。

(2)预约订单管理。

应包括订单整合、订单分发、订单状态监控、异常订单处理和订单统计等功能。

(3)出行服务管理。

应包括联程方案规划、乘车码管理、信息服务管理、发票管理、客诉意见处理等功能。

(4)支付清分管理。

应包括支付接口管理、聚合支付等支付管理,以及分账账户设立、统一清分结算、账单查询和统计等清分管理功能。

(5)资源经营管理。

应包括数据开发、产品设计(如联程出行套票、交旅套票、单一模式优惠票券)、广告运营、积分商城、商业合作等功能。

(6)综合统计分析。

应包括运力资源统计分析、客流统计分析、出行者画像分析和行为特征分析、运营收益统计分析、碳排放测算和统计分析等功能。

3. MaaS 监管服务

(1)服务监督。

应包括平台订单信息、订单状态、订单服务评价、出行者投诉等信息监督功能,可汇总输出统计日报、周报、年报。

(2)应急管理。

应包括在重大节假日、恶劣天气、突发事件、交通事故等情况下的监测、预警、应急处置等功能。

(3)考核评价。

应基于 MaaS 服务质量考核办法,围绕运输服务提供者、MaaS 服务提供者、

MaaS 平台等对象进行服务质量考核评价。

(4)信用监管。

应包括对出行者、运输服务提供者等各类主体的违法违规行为(如出行者逃单、驾驶员拒载、平台“杀熟”、规划路线绕路、不合理派单规则)进行信用监管,支持信用记录与其他行业管理部门相关信用系统的数据交换共享。

案　例　篇

第十章　典型城市型MaaS应用案例

在加快建设交通强国的战略指引下，我国很多城市已积极开展 MaaS 平台建设与应用探索，以期促进城市交通转型升级和高质量发展。与此同时，交通运输部、国家市场监督管理总局通过开展示范试点项目促进出行即服务、智慧出行等方向科技成果转化。本章基于编著团队参加的交通运输科技示范工程、国家标准化试点（智慧交通专项）项目以及地方城市实践，选取北京市、上海市、广州市等典型城市 MaaS 应用案例，梳理了其在建设运营模式、数据底座、应用服务、运营生态、配套制度等方面的经验和做法，对城市 MaaS 建设、运营、服务等具有一定的借鉴意义。

第一节　北京市绿色出行一体化服务平台

2019 年，北京市采用政企合作的模式，启动了北京市绿色出行一体化服务平台（以下简称北京 MaaS）的建设。通过共享、融合交通大数据，借助高德地图、百度地图等平台，向市民提供整合了多种交通方式的一体化、全流程的智慧出行服务。其中，北京市交通委员会负责提供交通数据，高德地图、百度地图等互联网平台负责整合各交通模式的数据，并进行平台的研发、运营与服务。截至 2024 年，北京市绿色出行一体化服务平台已整合了公共汽电车、城市轨道交通、骑行、步行、出租汽车（含网约车）、航空、铁路、长途大巴、自驾等多种交通方式，可为市民提供出行前智慧决策、出行中全程引导、实时公交、公交/地铁拥挤度查询、绿色出行碳普惠等服务，构建形成了北京 MaaS 生态体系，如图 10-1 所示。

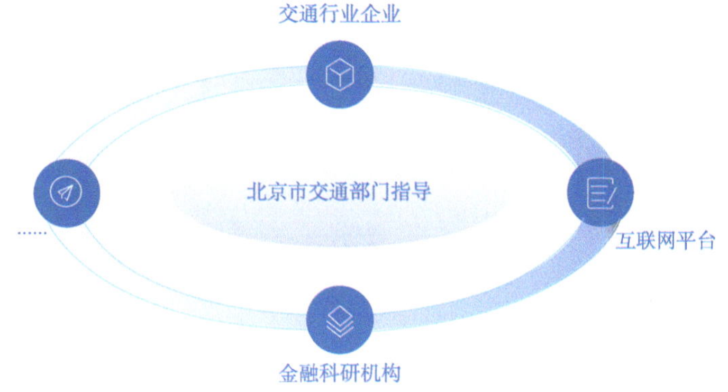

图 10-1　北京 MaaS 生态体系

为进一步提升北京绿色出行一体化服务水平，促进其健康可持续发展，2023 年 6 月，北京市交通委员会与北京市生态环境局联合印发了《北京 MaaS 2.0 工作方案》，明确提出：优化城市及城际一体化出行规划导航，完善出行服务功能，进一步提升"门到门"一体化绿色出行体验，拓宽碳普惠活动范围，并组建北京市绿色出行一体化联盟以吸纳更多社会力量加入 MaaS 生态圈。同时，平台探索金融赋能手段，开展绿色出行与绿色金融工具融合创新研究，为市民提供更加丰富、多样化的碳普惠激励。北京 MaaS 2.0 的体系涵盖数字底座、运输服务供给整合、公众出行需求服务、社会绩效四大部分，通过打通线上线下出行服务、拓宽碳普惠活动、组建北京绿色出行一体化联盟等措施，进一步扩大绿色出行人群数量，打造 MaaS 可持续发展生态。北京 MaaS 2.0 体系架构如图 10-2所示。

一、数据底座

2019 年，北京市依托交通行业大数据中心，高效整合了北京公共交通控股(集团)有限公司、北京市轨道交通指挥中心、北京市交通委员会以及大兴国际机场等机构的多元化数据资源，打造了北京 MaaS 数据底座 1.0。该数据底座能够实现实时计算，并向高德、百度、滴滴、美团、腾讯等互联网平台开放公共汽电车、城市轨道交通、静态交通、路网运行等 4 大类 14 项交通数据，为超过千万级用户提供出行数据服务，常态化开展 MaaS 数据应用年度评价，其体系如图 10-3 所示。

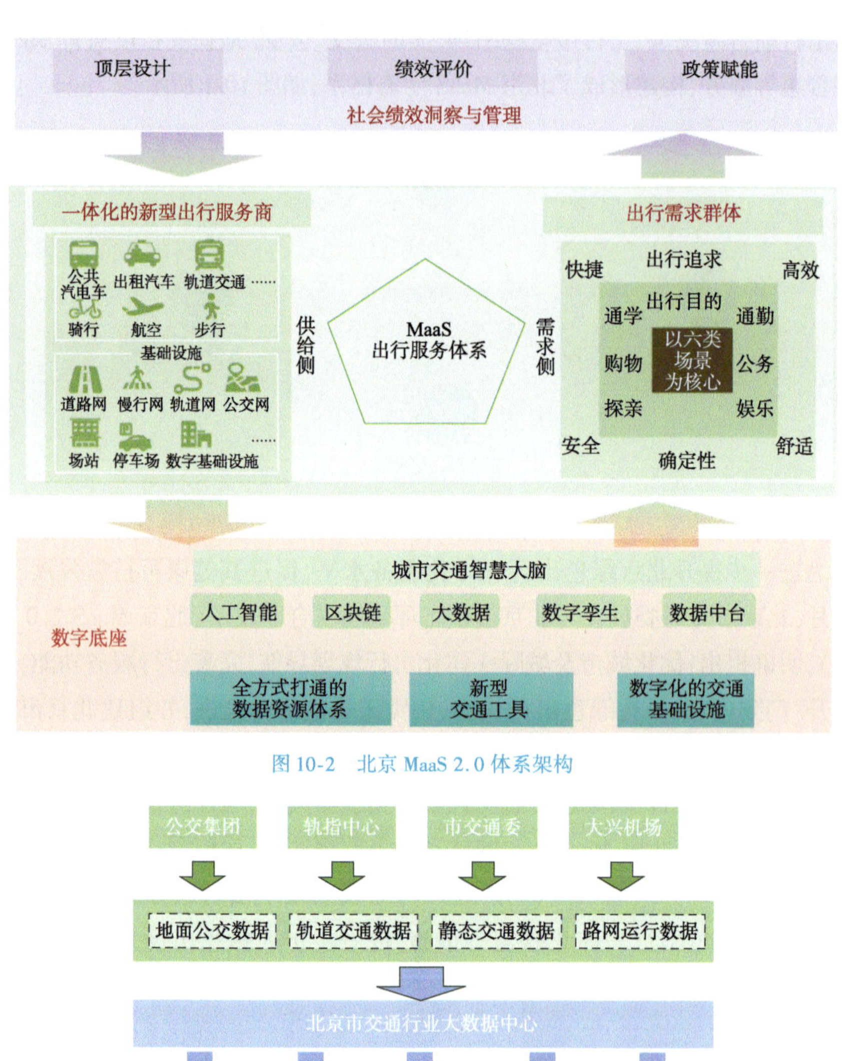

图 10-2　北京 MaaS 2.0 体系架构

图 10-3　北京交通行业大数据中心体系架构

在北京 MaaS 数据底座 2.0 阶段，整合了公共汽电车、城市轨道交通、市郊铁路、步行、骑行、出租汽车(含网约车)、航空、铁路、长途大巴、自驾等全品类交通出行数据。此外，北京 MaaS 数据底座 2.0 还整合了来自公安交管、消防、医疗等跨部门的数据资源，在满足出行服务的同时助力智慧城市建设，有利于提高市民的出行效率和出行体验。

二、应用服务

1.北京 MaaS 1.0 平台

基于数据底座，北京 MaaS 1.0 借助高德地图、百度地图等互联网出行服务平台，整合了公共汽电车、轨道交通、市郊铁路、步行、骑行、出租汽车（含网约车）、航空、铁路、长途大巴、自驾等多种交通出行服务，有效改善了“公共交通+步行”等组合方式的出行体验，主要提供了实时公交、公交/地铁拥挤度查询、公交/地铁乘车伴随卡等功能，北京 MaaS 1.0 平台服务界面如图 10-4 所示。

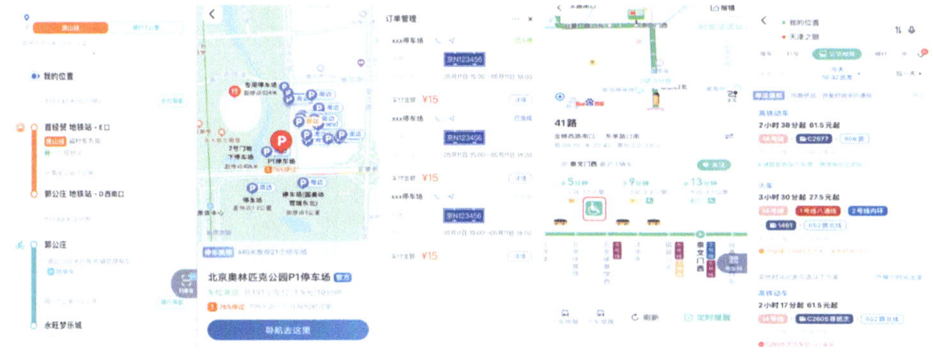

图 10-4 北京 MaaS 1.0 平台服务界面

（1）实时公交：为用户提供公交实时到站信息，帮助用户更好地掌握公交运行情况，减少等候时间。

（2）公交/地铁拥挤度查询：帮助用户了解公交、地铁的拥挤程度，以便选择相对舒适的出行方式。

（3）公交/地铁乘车伴随卡：将路线规划、步行导航、换乘引导、下车提醒等服务直观地呈现给用户，根据位置实时展示用户正在乘坐的线路、剩余站数、剩余时间等，并提供“下车提醒”功能。

（4）冬奥特色服务：北京 2022 年冬奥会期间，MaaS 平台曾上线冬奥专用道导航、场馆周边停车引导、出行信息发布、无障碍出行服务等特色功能。

2. 北京 MaaS 2.0 平台

北京 MaaS 2.0 平台在 1.0 平台的基础上进行升级和扩展，围绕城市出行、城际出行、路侧停车三大核心场景，整合了步行、骑行、公共汽电车、轨道交通、停车、自驾、出租汽车(含网约车)、航空、铁路等九种交通方式，上线了多交通方式一体化出行规划、实时公交信息查询、公交/地铁拥挤度查询、全程引导与下车提醒、跨城一体化规划和路侧停车信息查询六类出行服务，为市民提供一体化、全龄化、韧性化的高品质出行服务。主要应用功能如图 10-5 所示。

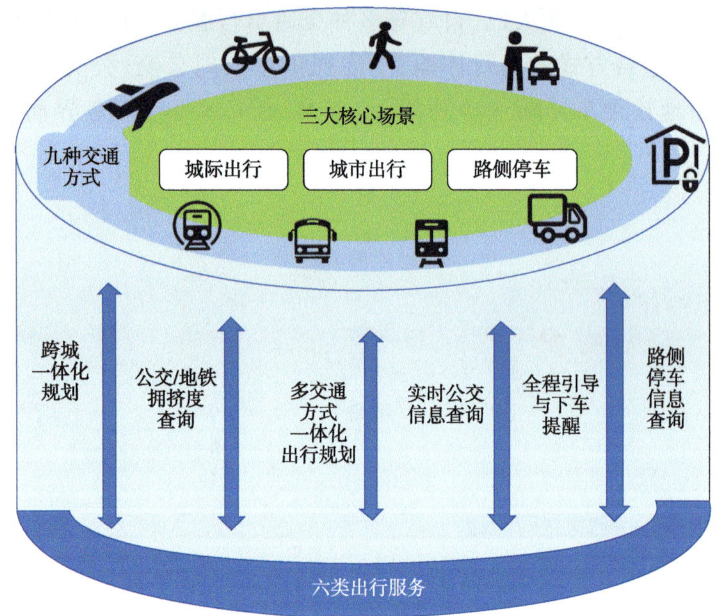

图 10-5　北京 MaaS 2.0 平台出行服务应用功能

(1)一体化信息服务。

一是通过融合绿色出行数据，提升公共交通预报精度与换乘引导服务，加强共享单车与出租汽车(含网约车)信息互通，优化城市“地铁 + 公交/步行/骑行/出租汽车(含网约车)”一体化出行规划导航服务，实现绿色出行精准匹配与一体化服务；二是强化轨道交通地下空间三维数据采集与开放，完善站内导航链路，补齐轨道交通导航断点，提升共享单车供给与停放信息服务，打造无缝换乘体验；三是整合城际与城市交通信息，优化一键规划、接驳引导功能，强化定制服务，拓展城际“航空/铁路＋城市公共交通/定制公交/出租汽车（含网约车）”一体化出行规划导航服务，提升航空铁路枢纽接驳效率与一体化服务水平；四是加强室内三维数据采集与导航链路建设，补齐“八站两场”（八座火车站、两座机场）室内导航，为乘客提供全面的伴随式导航服务，覆盖接驳换乘、餐饮购物等场景。

（2）出行预约服务。

一是通过平台提供地铁进站预约和定制公交服务，提升居民出行效率和便利性；二是整合全市停车场数据，提供实时车位信息及预约停车服务，优化居民出行体验；三是在轨道站点和就业集中园区试点多方式协同管理的通勤预约出行，提高交通运行效率；四是针对利用率不高的公交专用道，探索允许特定车辆预约使用政策，提升利用效率。

（3）无障碍导乘服务。

面向老年人、残障人士等特殊群体，升级完善无障碍路径规划与导航、语音报站、车辆引导等导乘服务，提升特殊群体的公共交通出行体验。

（4）一体化支付服务。

打通平台与公共汽电车、轨道交通、共享单车、出租汽车（含网约车）等多方式的一体化支付通道，依法依规建立清分结算机制，推动跨方式的联乘下单、联乘购票、一键支付，向公众提供更加便捷、经济的出行服务。

三、运营生态

基于数据底座和应用服务功能，北京 MaaS 的运营生态不断丰富，主要包括碳普惠激励机制、“交通＋生活”联动服务以及可持续 MaaS 生态圈。

（1）碳普惠激励机制。

北京市通过交通、环保等多部门协作，建立了出行碳足迹监测评估与交易制度，发布了涵盖全绿色出行方式的碳减排方法学，常态化开展“MaaS 出行绿动全城”等碳普惠激励活动，打通了绿色出行碳交易的闭环。用户通过使用高德地图、百度地图等平台进行出行路径规划及导航，并采用公交、地铁等绿色交通方式完成出行后，可获得相应的碳减排量，并可兑换公共交通优惠券、购物代金券、视频媒体平台会员等权益，也可捐赠环保公益积分。北京市碳普惠激励机制示意图如图 10-6 所示。

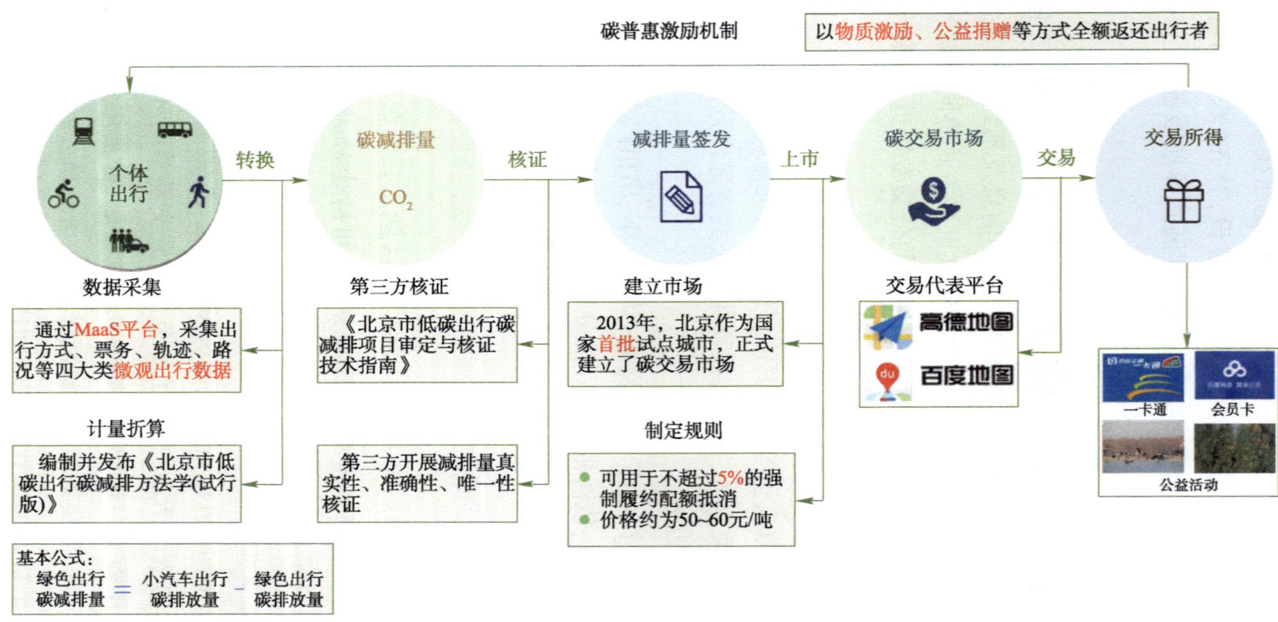

图 10-6　北京市碳普惠激励机制示意图

(2)“交通+生活”联动服务。

北京 MaaS 2.0 阶段,通过引入滴滴、美团、支付宝、建行、一卡通等服务商,围绕出行与餐饮,探索提供“公共交通+用餐优惠/优先”等服务,打造“食行一体”联动场景;围绕出行与住宿,探索提供“城际/城市出行+住宿推荐/优惠”等服务,打造“住行一体”联动场景;围绕出行与购物游玩,探索提供“公共交通+购物折扣/景点推荐/门票优惠”等服务,打造“游购娱行一体”联动场景。

(3)可持续 MaaS 生态圈。

在 MaaS 2.0 阶段,北京将建立健全可持续发展机制,统筹多方利益,完善利益分配与激励机制,推动形成政府、企业与用户共赢的可持续发展模式;加快构建有效市场,吸纳社会各方力量加入 MaaS 生态圈,加强数据开放与合作,丰富绿色出行服务场景,建立数据反哺机制,促进交通行业优化与服务提升;组建绿色出行服务联盟,制定章程、发展战略与服务标准,推动 MaaS 价值开发与品牌建设,促进 MaaS 良性发展。

四、配套制度

为保障 MaaS 体系的发展,北京市围绕 MaaS 工作方案、交通出行数据开放管理、低碳出行碳减排方法学等方面出台了一系列政策文件,推动了 MaaS 服务向规范化、标准化发展。

(1)工作方案。

2023 年 6 月,北京市出台《北京 MaaS 2.0 工作方案》,为北京 MaaS 2.0 的建设提供了指导,促进了绿色出行服务的全面升级。该方案提出了通过优化一体化出行规划、推广资源预约服务、构建安全可信的数据专区、深化碳普惠机制、推动绿色金融创新等措施,并通过丰富服务场景,提升用户体验。方案强调政府引导与市场机制相结合,利用技术创新和数据驱动,加强品牌塑造与生态圈建设,并通过定期评估与反馈机制持续优化服务,推动北京 MaaS 向更加高效、便捷、绿色的方向发展。

(2)数据开放管理。

2019 年 11 月,北京市交通委员会发布《北京市交通出行数据开放管理办法(试行)》,规定由市交通委员会统筹编制北京市交通出行数据开放目录清单,主要包括北京市地面公共汽电车、轨道交通、静态交通、路网运行等涉及社会出行服务所需要的数据。该办法推动了交通出行数据向社会开放共享,为 MaaS 平台的数据底座打造和智能化服务提供了政策依据。

(3)低碳出行碳减排方法学。

2020 年 4 月,北京市出台了《北京市低碳出行碳减排方法学(试行版)》(京环发〔2020〕6 号),规定了北京市范围内低碳出行(包括公交、地铁、步行、骑行等多种低碳出行方式)碳减排的计算方法和标准,明确了各出行方式的碳排放因子及计算规则,同时规范了数据采集、监测和核算流程,为推动北京市低碳出行、实现碳减排目标提供了科学的指导方法和实施依据。

第二节　上海市“随申行”

2022 年 1 月,在上海市国有资产监督管理委员会和上海市交通委员会的支持下,由上海汽车工业(集团)有限公司、上海久事(集团)有限公司、上海申通地铁集团有限公司、上海仪电(集团)有限公司、上海城建投资发展有限公司、上海信息投资股份有限公司六大企业共同出资成立上海随申行智慧交通科技有限公司,作为上海 MaaS 运营主体,承担 MaaS 建设运营与服务,建设了上海市随申行 MaaS 平台(以下简称为“随申行”)。上海“随申行”主要聚焦“数据互联互通、出行服务便捷、运营生态多样”等方面,总体架构示意图如图 10-7 所示。

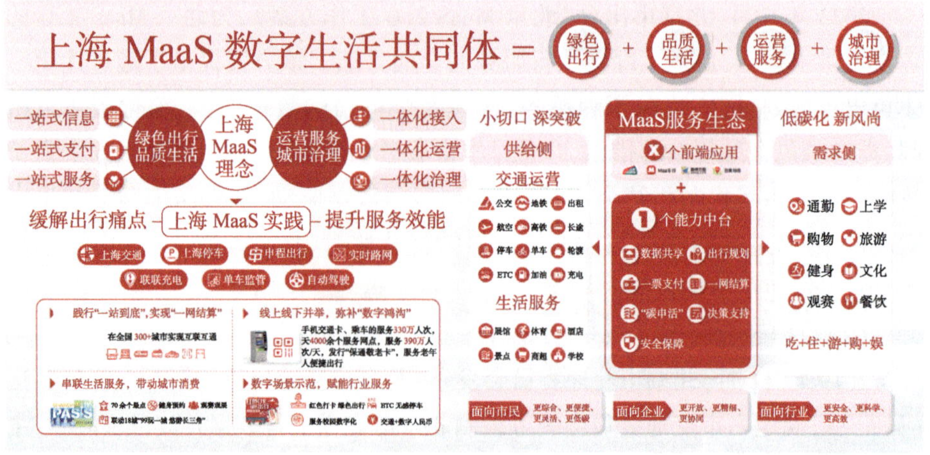

图 10-7　上海 MaaS 平台总体架构示意图

上海“随申行”平台建设总体分为三个阶段：

(1) MaaS 1.0 阶段(2022 年 10 月—2022 年 12 月)。

在此阶段，“随申行”打通了交通行业数据孤岛，通过整合公交码、地铁码与随申码，统一出行服务入口，率先在公交、轮渡上实现将三码整合为“一码通”，并在地铁进行局部试点应用。同时，“随申行”深化公共出行“一块屏”、智慧停车“一键达”、出租叫车“一入口”等服务功能，初步构建智能出行“一门户”。

(2) MaaS 2.0 阶段(2023 年 1 月—2023 年 12 月)。

在此阶段，“随申行”致力于构建更完整的生态和更多元的服务功能，以满足市民的个性化出行需求。2022 年底，“随申行”大力推动“一码通”在公共交通场景中全面应用，并拓展共享单车、网约车、一键拖车等公共出行及车生活服务。同时，“随申行”实现航空、铁路、省际客运等服务接口接入，打造数字机场“一平台”等示范性应用场景。到 2023 年底，“随申行”从“行”逐步延展到“衣、食、住、购、娱”以及文体、健康等生活服务领域，积极构建上海特色生活服务生态圈。

(3) MaaS 3.0 阶段(2024 年 1 月至今)。

在此阶段，“随申行”逐步拓展出行服务至长三角等其他区域，推动建立长三角一体化出行生态圈，为上海及长三角区域提供“智慧融合、绿色低碳、高效便捷、公益惠民”的一体化出行服务。

一、数据底座

上海市搭建了涵盖交通出行领域供需两端的大数据平台，通过跨交通场景和时空多域多源异构数据的全面融合治理，形成了“一个数据底座”，接入了包括公共交通、出租汽车、智慧停车、共享单车、道路路况、停车场库、省际客运、天气预警等原始数据。同时，“随申行”依托数据底座，完成了上海市公共交通数据运营管理平台和上海市公共交通综合服务平台建设。

其中，上海市公共交通数据运营管理平台由上海市交通委员会授权上海随申行智慧交通科技有限公司进行建设和管理，作为上海市交通行业公共交通数授权运营的统一平台，其平台界面如图 10-8 所示。上海市公共交通数据综合服务平台是上海市交通委公共交通数据对社会服务的统一平台，面向交通及其他行业提供综合性的数据产品服务(如景点实时客流数据分析、通用交通数据核验等)，以推动交通领域公共数据的流转，赋能多行业及多元化需求场景，其平台界面如图 10-9 所示。另外，上海随申行智慧交通科技有限公司与上海数据交易所签署战略合作协议，共建上海数据交易所交通板块，完成了多款数据产品的挂牌，打造了公共数据授权运营应用新范式。

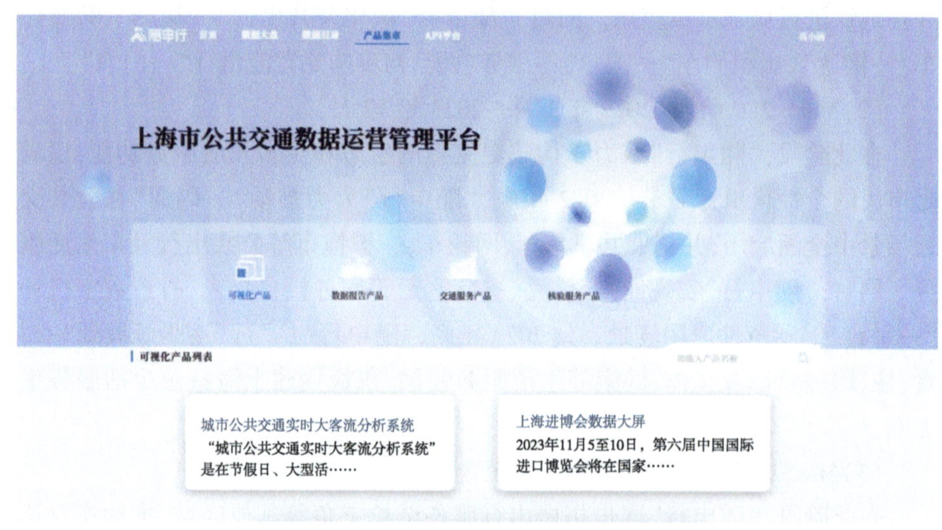

图 10-8 上海市公共交通数据运营管理平台界面

图 10-9 上海市公共交通数据综合服务平台

二、应用服务

上海“随申行”为市民提供一码通行、附近站点信息查询、一键叫车、智慧停车、绿色积分等服务，具体内容如下。

（1）一码通行。

“随申行”App 集成了“随申码”的展码及乘车刷码功能，完成了公交乘车码、地铁乘车码、“随申码”的三码整合工作，实现了公共交通“一码通行”。用户通过“随申行”App 完成实名认证及授权开通交通支付场景权限后，即可以在“随申行”App 中展示“随申码”，并在乘坐公交、地铁时，通过刷“随申码”完成支付，其功能界面如图 10-10 所示。

认证签约前　　支付签约　　开通权限　　展码

图 10-10　一码通行功能界面

（2）附近站点信息查询。

“随申行”App 可以为用户展示附近的公交与地铁站点信息、线路信息、车辆预计到站时间、公交地铁换乘指引、公交站步行导航、下车点时间预测信息、无障碍车辆等，如图 10-11 所示。

（3）一键叫车。

“随申行”整合了全市出租汽车资源，为用户提供一键叫车功能，用户输入地址发起订单后，平台将用户需求信息和运力资源进行撮合，除此以外，平台还为用户提供亲友代付、语音提醒、线上支付、紧急求助、一键评价等功能，如图 10-12 所示。

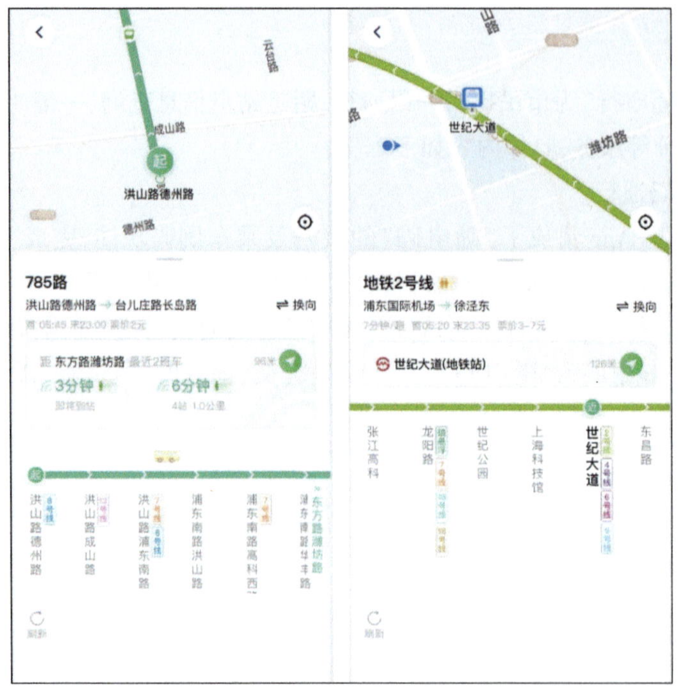

公交详情界面　　　　地铁详情界面

图 10-11　附近站点信息查询功能界面

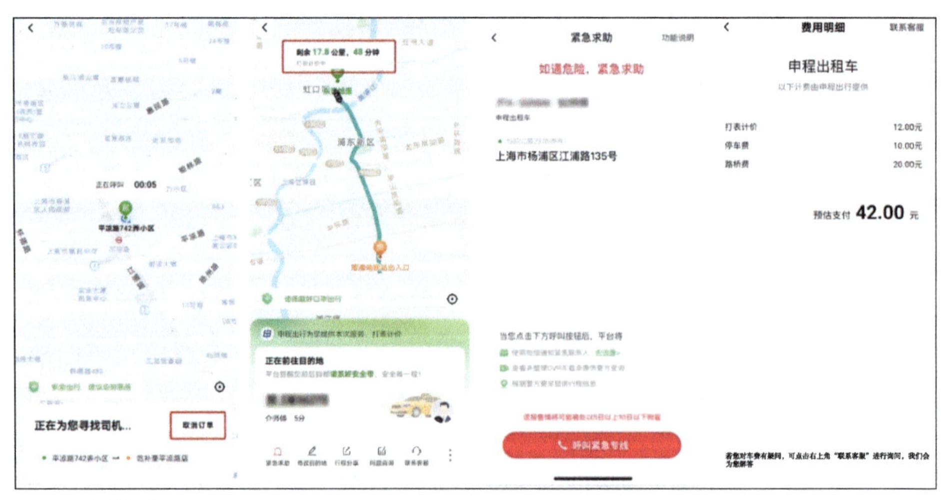

订单撮合　　行程预览　　紧急求助　　在线支付

图 10-12　一键叫车功能界面

(4)智慧停车。

“随申行”App 针对有停车需求的用户,提供了智慧停车服务,包括停车场信息查询、停车导航、停车缴费、停车预约、错峰共享等服务,如图 10-13 所示。

图 10-13 智慧停车功能界面

(5)绿色积分。

“随申行”App 为用户建立了个人碳账户,计算用户采取步行、公交、地铁等绿色出行方式的碳减排量,用户可将碳减排量兑换为绿色积分,在“随申行”App 商城中兑换心仪的各类礼品,包括实物奖励、优惠卡券、参与抽奖等,还能参与绿色积分游戏,如图 10-14 所示。

三、运营生态

上海“随申行”在多元化票制、碳普惠激励机制、交旅融合服务等方面形成了可持续的运营生态,如图 10-15 所示。

图 10-14　绿色积分游戏界面

(1)多元化票制。

上海“随申行”协同申通地铁、久事公交、浦东公交等公共交通运营企业在节假日期间共同推出 19.8 元联程日票“随申包”,用户可以在 24 小时内不限次数、不限里程地乘坐地铁、公交、轮渡。此外,“随申行”还推出“公共交通乘 10 免 1”活动,用户在指定时间内使用“随申行”扫码乘坐公共交通(轮渡、公交、地铁,不含磁悬浮)每完成 10 单,第 11 单即可免费乘坐。“随申行”通过“随申包”和“乘 10 免 1”活动验证多元化票制预付和后付状态下用户的接受度、参与度、补贴规模、用户黏度等数据参数,探索最优用户体验。

(2)碳普惠激励机制。

上海“随申行”设立了“零碳会议”功能,引导市民更多地选择绿色出行方式。市民选择公共交通出行方式可获得绿色积分,凭积分兑换成真实权益或参与线上公益性质的趣味游戏,如“植树冠名”等。此外,“随申行”还通过碳普惠平台记录用户的每一次绿色低碳出行行为,并转换成碳减排量,使用户能够查询并记录自己的碳减排活动。

a) 上海“随申行”联程票　　b) 上海“随申行”交旅融合服务

图 10-15　上海“随申行”运营生态

(3)交旅融合服务。

“随申行”与中国航海博物馆合作，推出一票联程体验日活动。用户在指定日获取“随申包”一日包(公交地铁 10 次免费乘坐)、1 份临港定制班线(无人驾驶巴士)预约乘坐资格和 1 份中国航海博物馆免费门票权益。另外，结合五大新城、中国国际进口博览会、长三角等区域试点，“随申行”推出了临港“文旅 + 出行”一票联程、嘉定自动驾驶服务、第六届中国国际进口博览会服务专区等一批独家文旅出行服务功能。

四、配套制度

上海市围绕 MaaS 平台建设、数据开放与授权、绿色出行碳普惠等方面出台了一系列政策和制度标准，为 MaaS 系统的快速发展和广泛应用提供了有力保障。

(1)政策规划。

2021 年 6 月,上海市人民政府印发《上海市综合交通发展“十四五”规划》(沪府发〔2021〕8 号),提出了探索政企联合机制,实现实时、全景、全链交通出行信息服务共享互通,融合地图服务、公交到站、智慧停车、共享单车、出租汽车、车辆充电等既有出行服务系统,推进 MaaS 平台建设。

(2)数据开放和授权。

2019 年 8 月,上海市出台《上海市公共数据开放暂行办法》(沪府令〔2019〕21 号),规定了公共数据的开放范围、程序和使用规范,为 MaaS 平台的数据整合提供了法律依据。2021 年 11 月,上海市出台《上海市数据条例》,在全国率先为公共数据授权运营立法,明确了构建统一协调的公共数据运营机制,要求推进公共数据和其他数据融合应用,充分发挥公共数据在推动城市数字化转型和促进经济社会发展中的驱动作用。

(3)碳普惠激励。

2023 年 9 月,上海市出台《上海市碳普惠管理办法(试行)》(沪环规〔2023〕7 号),提出基于碳普惠方法学将碳积分进行量化和赋予一定价值,并运用商业激励、政策支持、市场交易等方式,推动建立绿色低碳生产生活方式的正向激励机制。2024 年 3 月,上海市生态环境局印发了《关于发布〈上海市碳普惠减排项目方法学 分布式光伏发电〉等六个碳普惠方法学的通知》(沪环气候〔2024〕45 号),出台了《上海市碳普惠减排场景方法学 地面公交》《上海市碳普惠减排场景方法学 轨道交通》《上海市碳普惠减排场景方法学 互联网租赁自行车》等碳普惠方法学,明确了采用地面公交、轨道交通、互联网租赁自行车等绿色出行方式出行的碳减排量计算方法和标准。

第三节　广州市“穗通票”

2021 年 6 月,广州羊城通有限公司上线了 MaaS 平台——“穗通票”,该平台整合了城市公交、地铁、轮渡、网约车、共享单车等交通模式服务资源,主要围绕商旅出行、城市公共交通出行、定制出行、自驾出行四大领域,实现了城市交通数字出行的“一张网”“一码通”“一票通”和“一体化”,其平台业务架构如图 10-16 所示。

图 10-16 “穗通票”平台业务架构

“穗通票”平台建设经历了两个阶段，其各交通模式整合示意图如图 10-17 所示。

图 10-17 “穗通票”平台各交通模式整合示意图

(1)“穗通票”一期(2021 年—2023 年)。

“穗通票”一期整合公交(含 BRT)、地铁、轮渡、出租汽车(含网约车)、共享单车等多种市内出行场景，通过微信小程序打造“一站式 + 一票式”的出行服务模式，为用户提供一站式出行套票，企事业单位交通津贴一键下发、外勤一票报销方案等服务。

(2)“穗通票”二期(2024 年至今)。

“穗通票”二期重点实现应用场景及服务功能的深化,进一步整合了民航、高铁、城际轨道交通、停车场、ETC、分时租赁等模式服务资源,建立了绿色出行碳积分及兑换体系,并基于用户出行偏好提供全程出行规划、交通诱导等定制化方案。

一、核心系统

“穗通票”平台依托广州市强大的数字基础设施,包括政务云、政务网等基础设施体系,集成了出行与生活服务数字融合系统、公共交通出行大数据系统、公共交通聚合支付乘车码系统、出行方案规划与订阅管理系统、统一身份认证系统、出行服务社区管理系统等六大核心业务系统,其系统示意图如图 10-18 所示。“穗通票”在原有的出行规划与单一出行方式的预定和支付基础上,扩展了出行与生活服务、用户权益、信用管理等创新功能。各业务系统以乘车码、电子票为连接器,将各种交通模式整合为统一的服务体系,并使用统一的数字交互界面来管理与交通相关的服务。

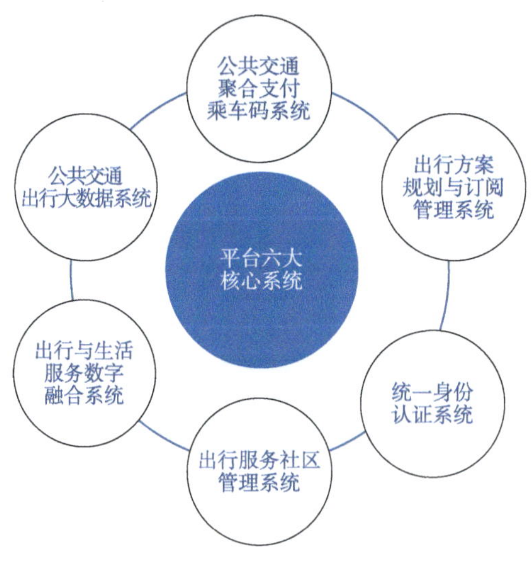

图 10-18 “穗通票”六大核心系统示意图

二、应用服务

基于六大核心业务系统,“穗通票”围绕商旅出行、城市公共交通出行、定制出行、自驾出行等四大出行类别，提供一站式出行规划、公交实时到站等出行服务，以及出行与生活服务、用户权益、信用管理等创新功能，平台界面如图10-19所示。“穗通票”主要应用服务如下。

图10-19 “穗通票”平台界面

(1)聚合支付。

以手机乘车码、虚拟IC卡电子车票为载体，实现城市公交、地铁、轮渡、网约车、共享单车等全模式联程出行及聚合支付，将出行支付服务延伸至出行前规划、一键支付、出行后激励、虚拟社区、服务监督、碳积分、响应式公交、交旅融合、跨区域出行等20种交通典型应用场景。

(2)定制公交。

“穗通票”推出了不定线行驶的动态响应式公交服务，以满足基础线网不能有效覆盖的低密度、低客流场景和高峰期、大客流场景，并探索无人驾驶公交自动化出行服务模式。

(3)出行管理。

平台提供了交通电子票管理系统，方便用户管理和使用电子票务，并集成了用户权益与信用管理系统,为用户提供更全面的服务体验。

三、运营生态

依托广州羊城通有限公司庞大的用户基础和线上一体化城市码平台,“穗通票”运用羊城通交通支付统一清分结算优势,在“出行+生活”、碳普惠激励机制、多样化套票等方面形成了运营生态,其生态体系如图 10-20 所示。

图 10-20　广州“穗康生活”MaaS 平台生态体系

(1)“出行+生活”。

通过电子车票的赠送营销服务,将公交沿线商家精准匹配到线路用户,为用户提供“免费购物巴”服务(如到店消费、返程送公交电子车票),实现公交出行与生活消费精准融合。

(2)碳普惠激励机制。

“穗通票”平台与广东省碳普惠中心合作,计算用户每次出行的碳积分(碳币)。用户可以使用积累的碳积分兑换低碳奖励或出行优惠,如免费乘车券、折扣券等。同时,平台定期公布绿色出行排行榜,表彰在绿色出行方面表现突出的用户,进一步激发用户的绿色出行热情。

(3)多样化套票。

一方面,“穗通票”与互联网共享单车平台联合发行了“绿通票”,推出“公交+共享单车”周票、月票等套票产品,实现公交车和共享单车“通骑通乘”;另一方面,推出广州城市旅游卡(又称公交地铁联乘日通票),用户可在指定时间内无限次乘坐公交和地铁，并可在特约旅游景点和酒店享受优惠折扣服务。

四、配套制度

广州市在出行服务平台建设、数据开放、碳普惠等方面制定了一系列政策文件，为“穗通票”平台的建设运营提供了政策支持。

(1)规划方案。

2021 年 9 月，广州市印发《广州市交通运输“十四五”规划》(穗交运〔2021〕346 号)，提出深化客运资源整合，推动出行方式的协同发展，打造“穗康生活”等服务平台，提升出行效率与服务品质。

(2)数据开放。

2023 年 4 月，广州市印发《广州市公共数据开放管理办法》(穗政数规字〔2023〕2 号)，提出优先开放交通出行数据，公共数据开放主体应按照公共数据分类分级有关要求，结合行业、区域特点，对本机构的公共数据进行分类分级，确定开放属性、开放条件和监管措施。该办法通过规范交通等行业的公共数据开放与利用，促进了数据的有效流动和数字经济的发展。

(3)碳普惠。

2023 年 1 月，广州市印发《广州市碳普惠自愿减排实施办法》(穗环规字〔2023〕3 号)细化和规范了碳普惠管理，激励个人、企业和组织参与碳减排行动。该办法明确了管理部门与职责，依托注册登记与交易平台，鼓励开发碳普惠方法学并申报自愿减排量。同时，办法提出实施一系列鼓励与激励措施，如碳中和行动奖励、评选表彰、金融支持等，以期促进碳减排项目的实施和普及。

第四节　海南省“海汽 e 行”

海南省“海汽 e 行”MaaS 平台(以下简称为“海汽 e 行”)由海南省海汽运输集团股份有限公司旗下全资子公司海南金运科技信息有限公司负责建设、运营与服务。该平台于 2021 年启动建设，整合了省内班线客运、旅游客运、定制客运、出租汽车、汽车租赁、物流快递、汽车检测维修、城乡公交、校车等服务模式，其后管平台界面如图 10-21 所示。

图 10-21 “海汽 e 行”后管平台界面

一、数字中台

“海汽 e 行”构建了业务中台和运营中台两大数字化平台，实现了数据集成、业务协同、统一管理，辅助运营决策。

业务中台采用微服务架构，构建定制快线、城际出行、租车、包车及汽车票等多个业务模块，为前端提供更灵活的业务融合能力，同时联通不同业务板块，发挥业务、数据和流程的黏合作用，支持企业的业务运营与扩展。

运营中台涵盖会员、渠道、产品、订单、营销、内容管理及数据接口、数据中心等功能，支持卡券结算、积分支出、单位销售及积分清分，同时支持营销管理，如积分发放、跨业务优惠券设计等，实现精准营销。

二、应用服务

“海汽 e 行”主要为用户提供汽车票、定制快线、城际接送、自驾租车、机场接送、校园直通车、实时公交、包车、出岛车票等服务功能，其 App 界面如图 10-22所示。具体包含以下服务。

(1)汽车票：为用户提供票务信息网上查询、购票支付、扫码验票、退票改签、电子发票开具等服务。

图10-22　“海汽e行”App界面

(2)定制快线:针对学生群体日常、周末通勤出行需求,开通校园专线、场站接驳专线及市区到周边村镇的常规线路。

(3)城际接送:推出新型客运服务,用户可线上自行预约出行时间、上门接送方式。

(4)自驾租车:为用户提供“一地租车、异地还车”服务,用户可在平台自助下单、选择取车/还车地点、网点查询、费用预结算、评价等功能。

(5)校园直通车:满足各类学生通勤和研学用车需求,可将车辆开至校内或学校周边,方便师生前往其他市县或场站。

(6)出岛车票:为用户提供水陆联运服务,包括从车站搭乘大巴到港口,乘船过海后再继续搭乘大巴前往目的地的专车接送、港口过渡和联运车票服务。

三、运营生态

海南省“海汽 e 行”主要在会员营销管理、多元化服务模式等方面进行探索，构建形成多元化出行服务生态。

(1)会员营销管理体系。

“海汽 e 行”设定了普通会员、银卡会员、金卡会员、铂金会员等多个 VIP 等级，针对不同的会员等级匹配相对应的权益，如积分回馈、生日特权、赠送成长值、消费折扣等。同时在营销活动方面，开展了新会员注册立减券、随心行乘车电子券、节假日乘车代金券等不同额度的卡券营销，以及节假日幸运大转盘等丰富的趣味营销，其会员营销管理系统界面如图 10-23 所示。

图 10-23　“海汽 e 行”会员营销管理系统界面

(2)多元化服务模式。

“海汽 e 行”不仅提供汽车票、约车、接送机等基础出行服务，还与多家旅行社合作，为用户提供定制化的旅游服务；另外，针对团体出行和学校、学生用车需求，“海汽 e 行”提供定制包车服务和定制校车服务，为用户提供了便捷接送服务。

四、配套制度

海南省围绕 MaaS 体系建设、数据开放等方面制定了相关政策文件，间接支撑了 MaaS 平台的建设和发展。

(1)规划方案。

《海南省“十四五”综合交通运输规划》(琼府办〔2021〕16 号)、《海南省“十四五”交通运输(公路水路)发展规划》(琼交规划〔2022〕312 号)等明确提出在城市公交、旅游出行等领域试点推进 MaaS 体系建设,整合既有信息发布、导航、购票等功能打造数字化出行助手,依托“一部手机游海南”平台,整合国际邮轮、骑行、电动车等多种出游特色方案,丰富海南环岛智慧公路服务体验。

(2)数据开放。

2021 年 9 月,海南省政府大数据推进工作领导小组办公室印发了《海南省公共数据产品开发利用暂行管理办法》(琼数组办〔2021〕3 号),该办法详细规定了公共数据资源在整合、处理、利用与管理等各个环节的内容,通过系统化的管理与激励措施,推动海南省公共数据资源的有效开放与高效利用。

第五节　柳州市“道行龙城”

柳州市“道行龙城”MaaS 平台(以下简称为“道行龙城”)是由亮啦(上海)数据科技有限公司、深圳澔帆科技合伙企业和柳州轨道交通产业发展有限公司共同成立的广西亮啦数据科技有限公司作为运营主体,负责建设和运营。“道行龙城”于 2020 年 7 月正式上线,平台总体架构如图 10-24 所示。

一、应用服务

“道行龙城”接入全市普通公交、快速公交、定制公交、水上公交等多类公交系统,实现了与城际巴士、出租汽车(含网约车)等应用服务接口对接,并通过单点登录、支付授权、跳转订单接口等方式实现了共享汽车、租车服务、铁路、民航等运输服务资源的对接,丰富用户的出行选择,其 App 界面如图 10-25 所示。“道行龙城”的主要服务内容如下。

(1)一码通乘。

“道行龙城”支持公共交通一码通乘,平台整合二维码、公交卡、BRT 人脸乘车、人才码、银联卡闪付、军烈属卡等多种乘车方式,并提供钱包、微信、支付宝和云闪付等先乘后付的支付方式。同时,平台还不定期与支付渠道合作推出优惠乘车活动。

图 10-24 “道行龙城”MaaS 平台总体架构图

图 10-25　“道行龙城”App 界面

(2)实时公交。

“道行龙城”提供车辆实时位置查询、附近站点搜索、常用线路收藏、历史记录查询、车辆到站预测、发车时刻表查看以及站点导航等功能，方便用户快速获取最近的公交站点和线路信息，并支持一键跳转至“乘车码”支付界面。

(3)聚合打车。

平台提供多个网约车品牌的聚合叫车服务，具备一键比价、优惠召车、会员打车优惠券服务，用户可以根据自己的偏好和需求，选择不同车型、优惠券出行。

(4)定制公交。

需求侧，平台为处于相同区域、相似出行时间和出行需求的用户提供定制公交服务。此外，平台开通了赏樱专线、嗦粉专线等多个特色线路，并提供出行 + 会员中的定制公交优惠券。车辆侧，平台通过远程灵活就近调度空闲公交车辆，公交车辆可自动从“公交”受理模式切换为“定制公交”受理模式。

(5)水上公交。

平台为用户提供水上公交开通线路、首末班车时间、详细站点、票价等信息，用户在 App 中点击“去乘船”，即可跳转乘车码刷码乘坐水上公交。

二、运营生态

“道行龙城”平台在“出行 +”领域进行了多方面的探索,具体包括以下内容。

(1)出行 + 会员。

平台推出了出行权益组合优惠包服务。用户支付一定费用开通出行 + 会员后,可享受涵盖公交、聚合打车、汽车票(长途客运)、智享公交(定制公交)等出行方式组合的优惠券,用户在乘坐对应出行工具时可选取优惠券抵扣部分车费。出行 + 会员系统界面如图 10-26 所示。

图 10-26 “道行龙城”出行 + 会员系统界面

(2)出行 + 本地生活。

平台为用户提供餐饮、酒店住宿、景区等本地生活休闲相关的服务和推荐,并提供酒店、景点门票等的预订服务。

(3)出行 + 电商导购。

平台自建了电商导购平台,精选主流电商平台的优质产品,为用户提供高性价比的商品信息。

(4)出行+碳普惠。

为鼓励用户积极采取绿色出行方式,平台围绕绿色出行推出相关任务或挑战,通过积分形式体现用户的碳减排量,同时平台打造了积分商城功能,用户可使用积分兑换出行券、美食电影券、出行会员、视频会员等商品或服务,碳普惠系统界面如图10-27所示。

图10-27 “道行龙城”App碳普惠系统界面

(5)出行+短视频。

平台上线短视频服务,满足用户碎片化出行时间休闲娱乐需求,根据用户偏好推送热门视频,并允许用户通过观看视频获得激励积分,以在积分商城中兑换奖品,增加用户粘性。

(6)出行+社群。

平台通过客服日常线上交流、用户回访及活动报名等方式,邀请用户加入“道行龙城”的私域社群,提供出行优惠信息、活动通知和使用交流反馈服务,同时收集用户需求和反馈,促进产品迭代和用户运营优化。

第十一章　典型互联型MaaS应用案例

目前,我国除了部分城市在积极开展 MaaS 实践外,一些平台企业也在积极开展 MaaS 建设应用,依托强大智能计算能力建设互联型出行服务平台,典型平台包括“铁路 12306”“城轨易行”“滴滴出行”“高德地图”“支付宝”等,这些平台突破了地域限制,在全国范围内为用户提供多样化的 MaaS 出行服务。

第一节　面向城际出行的“铁路 12306”

“铁路 12306”平台整合了铁路及相关的交通资源,在满足旅客铁路出行需求的基础上,积极探索城际聚合出行模式,为旅客提供了一站式的出行解决方案,提高了乘客的出行效率和便利性。

一、应用服务

“铁路 12306”平台与火车票务网站共享用户、订单和票额等信息,并使用统一的购票业务规则,具有车票预订、在线支付、改签、退票、订单查询、常用联系人管理、个人资料修改、密码修改等功能,“铁路 12306”应用功能界面如图 11-1所示。

图 11-1 “铁路 12306”应用功能界面

(1)票务预订。

“铁路 12306”平台提供了火车票信息查询和预订支付等功能,旅客可通过 App 便捷地查询车次、余票、价格、时间等信息,并可选择不同等级和位置的座位,用户可在选择后进行在线预订和支付,满足了不同旅客的需求。同时,针对节假日等出行高峰时段用户购票紧张等问题,“铁路 12306”在 2023 年开发了候补购票功能,用户可提交多个备选出行方案的候补订单,极大提高了旅客的购票成功率。除铁路车票的预订,“铁路 12306”平台还能实现与铁路出行接驳的飞机票、汽车票、租车/约车等各类票务预订。

(2)换乘服务。

针对部分列车在枢纽站变更车次号,用户需分开段购买和检票乘车的情况,“铁路 12306”推出了“同车换乘”功能,允许用户一并购买,在枢纽站无需下车即可变更车票车次。在高铁与地铁换乘衔接方面,“铁路 12306”与北京地铁和宁波地铁合作试点推出了“铁路 e 卡通”功能模块,支持地铁出行支付功能,实现了“火车＋地铁”一站式出行。“铁路12306”还为旅客提供了城际间其他交通方式的换乘衔接指引，比如，在旅客到达目的地火车站换乘公交、地铁、出租汽车时，平台会给出详细的路线规划和建议，使旅客能够轻松实现无缝换乘。

(3)信息推送。

“铁路12306”可向旅客推送有关铁路出行的动态信息，包括车次调整、晚点通知、购票、乘车、退票改签、停运通知等，使旅客在出行前就能掌握全面的信息。

(4)个性化服务。

针对不同旅客的出行需求，“铁路12306”提供了个性化的服务选项。例如，为商务旅客提供快速通道服务，为携带大件行李的旅客提供行李搬运、高铁急送、雪具快运等服务，提升了旅客的出行体验。另外，截至2024年9月，已有80多个车站引入了互联网订餐功能，旅客可在App下单预订餐饮，商家在列车停站时将餐饮美食配送至列车，再由列车服务员将餐饮美食送达至旅客，让旅客在旅途中也能享受订餐服务。

二、运营生态

为满足旅客日益多样化的出行需求，“铁路12306”不仅提供了丰富的出行服务功能，还在常旅客会员、特色产品流通、交旅融合等方面不断创新探索新模式。

(1)常旅客会员服务。

“铁路12306”推出了“铁路畅行”常旅客会员服务，用户可通过多种渠道获得铁路积分，根据积分享受不同等级的会员权益。同时，“铁路12306”可为会员本人及指定受让人兑换车票及积分奖励服务，会员可以购买参与积分累积的列车车票，积分在实际乘车到站后5日内自动进入个人账户，当积分首次累积达到10000分时，就具备了兑换车票的资格。会员可通过12306官网、“铁路12306”手机App或车站设立的会员服务窗口办理积分兑换车票业务。

(2)特色产品流通服务。

铁路部门通过与地方合作，在“铁路12306”上推出了“高铁＋生鲜”“高铁＋农产品”等服务，采用高铁快运的方式，将地方特色农产品快速运输到全国各地区，助力地方优质产品销售，推动特色产业发展。例如，山西省运城市、临汾市等地的樱桃通过高铁快运服务实现了“当日达”，大大缩短了新鲜樱桃从产地到销地的运输时间，有效促进了农产品流通方式的转型升级，提高了农民收益，助力乡村振兴。

(3)铁路旅游融合服务。

“铁路12306”整合铁路系统内外资源，创新“铁路+旅游”模式，面向数十条热门旅游线路，为乘客提供旅游产品展示销售、旅游信息服务及出行规划辅助、旅游套票等服务，为旅客提供了多元化的购票选择。同时，用户还可以在平台上预订酒店，实现“车票+住宿预订”的一站式服务。

(4)多样化票制服务。

针对高频出行旅客，“铁路12306”推出了计次票、定期票、联程套票等新型票制服务，持续提升旅客在购票过程中的满意度与便捷性。例如，北京至上海、北京至天津的通勤差旅旅客，可购买20次的计次票或90天的定期票，在有效期内可免购票刷证件直接进站乘车。截至2024年9月，“铁路12306”计次票与定期票的应用范围已扩展至60条线路。

第二节　面向轨道交通跨城互通的“城轨易行”

“城轨易行”是中国城市轨道交通协会于2019年3月推出的公共交通出行服务平台，实现了地铁出行的跨城互联互通。用户能够通过手机扫码乘坐所有接入平台的城市轨道交通线路，实现异地支付“一码通”。

一、应用服务

“城轨易行”不仅为用户提供了一个便捷、高效的出行服务工具，还实现了不同城市之间城市轨道交通的无缝连接和互通。“城轨易行”App界面如图11-2所示，具体应用服务功能如下。

(1)一码通行：乘客可使用手机“城轨易行”App扫码乘坐接入平台的城市公共交通工具，实现异地支付“一码通”，使乘客无需办理多个城市的乘车卡即可在多个城市间乘车。

(2)异地支付结算：“城轨易行”支持城市之间接口互相开放，为接入的各城市地铁提供了一个统一的结算平台，使得跨城市乘客的支付和清算变得便捷和高效。

图 11-2 “城轨易行”App 界面

(3)爱心便民服务：乘客可通过“城轨易行”使用大件行李运送、无障碍服务、失物招领、寻物启事、爱心雨伞/雨披等暖心服务。

(4)碳普惠积分：乘客在不同城市乘坐公共交通出行的过程中都能通过“城轨易行”积累碳减排量，可兑换消费券或乘车券等优惠权益。

(5)信息发布与查询：乘客可通过“城轨易行”获取地铁站内导航及路线换乘方案，以及地铁运营公告、客流公告、站台位置、换乘和票价等信息，并可设置到站提醒，避免错过下车站点。

(6)国际化服务：“城轨易行”支持多种证件的实名认证方式，解决了港澳台同胞、外籍人士等特殊群体实名认证不便的问题。

二、平台应用情况

“城轨易行”构建了一个互联网票务互联互通平台，实现了接入城市的城市轨道交通官方 App 与漫游地互联网票务平台的异地互认、乘车码授权、交易转接以及异地票款实时结算等功能。截至 2024 年 7 月，已有包括无锡、南京、郑州、昆明、长春、呼和浩特等多个城市加入该平台,实现了跨区域的轨道交通互联互通。例如,用户使用无锡“码上行”App,不仅可以扫码乘坐地铁、公交,还可以查询高铁、民航信息,租用共享汽车,且可在“码上行”App上进行在线票务支付;南京地铁“与宁同行”接入了“城轨易行”平台,实现了与苏州、无锡、常州、南昌等城市的扫码乘车互通;郑州地铁的“商易行”App也接入了“城轨易行”平台,与福州、南昌、苏州、无锡、常州等城市的轨道交通实现了出行二维码互通。“城轨易行”在无锡、郑州的应用界面如图11-3所示。

图11-3　“城轨易行”在无锡、郑州的应用界面

第三节　面向共享出行的“滴滴出行”

“滴滴出行”由北京小桔科技有限公司于2012年创立运营。创立之初,“滴滴出行”专注于网约车和巡游车的在线叫车服务。随后,逐步扩展其服务范围,包括专车、拼车、顺风车、代驾、共享单车/电单车、分时租赁、货运等多种共享出行服务。随着网约车市场规模和竞争的增大,“滴滴出行”通过聚合其他出行品牌,进一步扩大平台运力资源,优化用户使用体验,“滴滴出行”应用界面如图11-4所示。

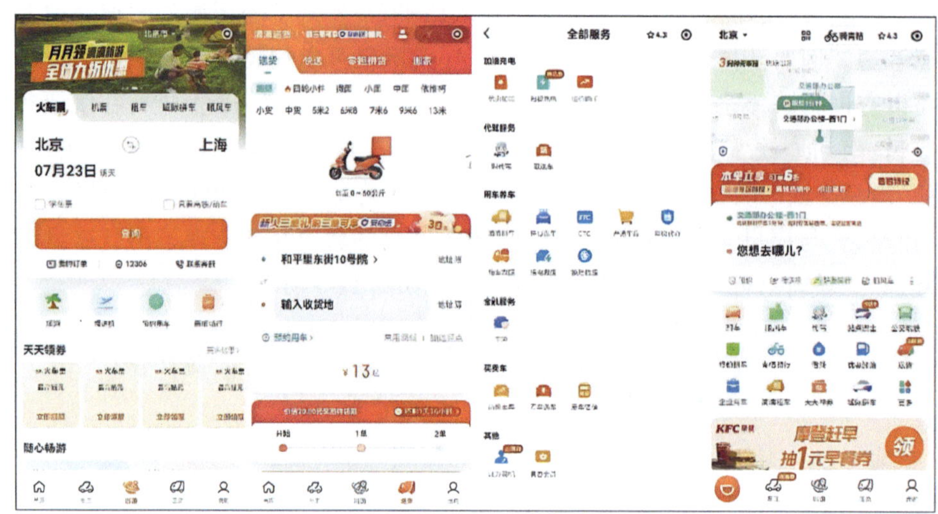

图 11-4 “滴滴出行”应用界面

一、自有共享出行品牌

(1)网约车。

“滴滴出行”平台网约车服务主要包括两种模式,一是通过与驾驶员合作,使用平台提供的定制车辆或者加盟“滴滴出行”平台的驾驶员自有车辆进行网约车运营;二是通过平台聚合“神州专车”“曹操出行”等其他出行品牌的车辆提供网约车服务,具体参见本节第二部分网约车聚合。其中,模式一的车辆所有权归属于平台或驾驶员个人,驾驶员需按照一定的规则向平台支付费用。在生成订单时,乘客在应用端提交出行起终点、出发时间、车类类型等信息,平台根据乘客的需求和驾驶员所在位置等信息进行订单的最优分配,尽可能地降低所有用户的总等待时间。在服务过程中,平台为用户提供了临时增加途经点、修改运行路线和终点等服务,更好地满足用户个性化出行需求。

(2)共享单车/电单车。

共享单车/电单车由滴滴自有共享单车品牌——滴滴青桔负责运营,主要满足用户短距离便捷出行需求。用户可使用 App 地图,寻找距离最近的车辆,选择适合的车型,通过手机扫描车辆二维码解锁车辆。在使用完毕后,用户需将车辆停放在指定的停车区域,并在 App 端点击结束骑行。同时,滴滴为鼓励用户选择绿色出行方式，推出了骑行共享单车等环保行为可获得对应里程的碳减排量，用户可根据碳减排量兑换奖励的活动。

(3)拼车。

滴滴拼车将在相似路线上不同乘客的出行需求进行整合，多位乘客通过共享车辆方式，共同分担出行费用，降低个人出行成本，提高资源利用效率。用户在“滴滴出行”App上选择拼车服务后，系统会根据驾驶员的当前路线和乘客的目的地进行智能匹配，优化路线上各个乘客的接送顺序，驾驶员可以在同一方向上沿途接送多个乘客，乘客则可以与其他乘客共享同一行程，从而享受相对更低的出行费用。

(4)顺风车。

滴滴顺风车主要为有相同出行方向的乘客和驾驶员提供便捷的搭乘选择。首先，驾驶员在“滴滴出行”App上发布顺风车信息，包括出发地、目的地及预计出发时间等。随后，用户在App中输入相关出行信息，系统会根据乘客的起点和终点，搜索匹配与之行程相似的驾驶员。乘客可以查看驾驶员的信息和车辆状况，确认后即可向驾驶员发送搭乘请求。最后，驾驶员接到乘客后，按照设定的路线行驶，将乘客送达目的地。

(5)分时租赁。

滴滴分时租赁主要为用户提供短期租车服务。用户可在App上注册账户，提供个人信息及驾驶证信息，通过审核后即可使用租车服务，查看可用的车辆和价格，根据需求进行车型选择并进行预约，按照预约的时间和地点取车。用户使用完毕后，需将车辆归还到指定的停车场或还车点。

(6)代驾。

滴滴代驾为用户提供专业代驾服务。用户在App上确认需要代驾的时间和地点，系统根据用户的位置和需求，智能匹配合适的代驾人员。代驾人员按照约定的时间到达用户指定的地点，双方核对身份后，代驾人员驾驶用户的车辆，按照设定的路线将用户送至目的地。

(7)货运。

滴滴货运包括同城快送、送货、搬家和零担拼货等服务。其中，同城快送通过电动两轮车和汽车为用户提供快速的跑腿服务；送货则利用不同载货空间大小的货车为用户提供同城的货物运输服务，但用户需自行搬运货物；搬家服务则是同城送货服务的升级,货物由搬运工进行搬运和装车,且支持跨城运输,为用户提供了更好的货运服务体验;零担拼货服务主要提供零散货物的拼单跨城运输,依托滴滴在全国设立的货运托运站,用户将货物运送至托运站,滴滴根据货物运输目的地进行拼车匹配,在满足整车运输条件时发车并运输至用户目的地,降低用户的运输成本。

(8)滴滴小巴。

"滴滴小巴"业务于2016年在北京和成都等城市的部分区域上线,主要为城市的"毛细血管"(主干道之外的最后3公里)范围内有出行需求的用户提供服务。该服务采用无固定路线设计,乘客可通过"滴滴出行"App呼叫车辆,并提交上下车点信息。滴滴小巴根据用户位置信息,将顺路用户聚集到虚拟的上车站点,驾驶员接到订单后在规定时间内赶往站点,并依次运送乘客至虚拟的下车站点。

二、网约车聚合

"滴滴出行"除了自有平台的网约车资源外,还聚合了"神州专车""曹操出行""T3出行""享道出行"等其他出行服务品牌,利用移动互联网技术,为用户提供了统一聚合的打车入口。用户无需下载多个网约车出行App,只需通过"滴滴出行"即可比较不同服务商的价格、车型、服务评价等信息,方便快捷地选择适合自己的出行方式。同时,滴滴作为平台聚合商,会对其他出行服务商的服务进行一定的管理和监督,保障用户的出行安全和服务质量。

第四节 基于导航服务的"高德地图"

"高德地图"由高德软件有限公司开发运营,其基于导航服务逐步升级为综合性的出行服务平台。2017年,"高德地图"开创了聚合打车模式,通过接入第三方的驾驶员和车辆为用户提供打车服务。2019年,"高德地图"继续升级,将自驾、打车、公交、地铁、旅行等更多样的出行服务前置于产品首页。"高德地图"App界面如图11-5所示。

图 11-5 "高德地图"App 界面

一、多式联程规划方案

"高德地图"整合长途客车、铁路、市内公交、地铁、步行、出租汽车等多种交通方式,为用户提供多式联程出行规划方案。用户可以在"高德地图"的"公交地铁"页面输入起始点和目的地,系统会智能推荐包含火车、高铁动车、客车、地铁、公交、共享单车、出租汽车等多种组合出行方案,并提供接驳的地铁、公交、出租汽车、单车、步行等的全程及每段预估用时、预计费用和步行距离等详细信息。"高德地图"多式联程规划方案界面如图 11-6 所示。

二、网约车聚合

"高德地图"接入了"享道出行""曹操出行""T3 出行""峡客行""及时用车"等多家出行服务品牌,为用户提供了一站式的打车入口。用户无需下载多个网约车 App,只需在"高德地图"App 中一键打车,即可享受多家网约车平台的服务,实时查看各平台的预估价格,并根据价格、车型、服务质量等因素选择最合适的出行方案。同时,平台也会根据用户的出行习惯、实时路况等因素,为用户推荐最优的打车方案,用户也可以将行程信息分享给亲友,增加出行的安全性。

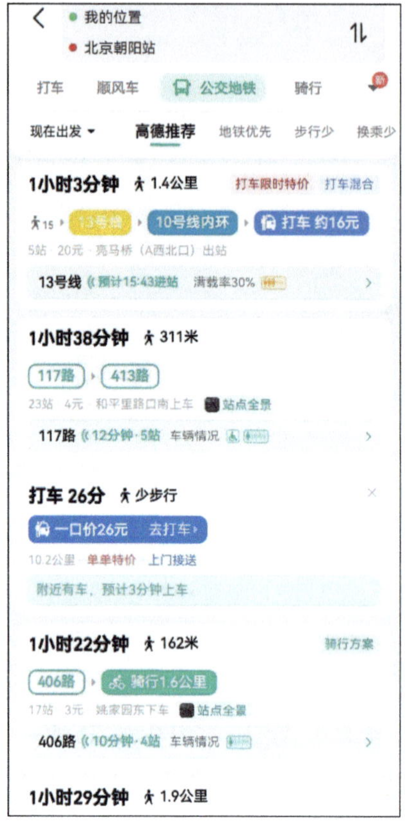

图 11-6 “高德地图”多式联程规划方案

三、多样化运营生态

“高德地图”通过数据服务、技术服务、资源置换、跨界合作等方式，在汽车导航、车联网、跨平台票务、交通大数据、碳普惠等方面构建了多样化的运营生态。

(1)汽车导航、车联网服务。

“高德地图”作为地图导航服务提供商，与汽车品牌通过技术服务协议方式，为其提供导航数据产品和服务和定制化车联网服务解决方案，包括实时交通信息、路线规划、语音导航等基础功能，以及车辆远程监控、故障诊断、安全预警等高级功能。

(2)跨平台票务服务。

“高德地图”与“飞猪”“携程”等多家在线旅行服务平台合作,为用户提供机票、火车票、景区门票等购票服务和酒店民宿预订服务,这种跨界合作丰富了“高德地图”的服务内容,也为促进平台间互相引流、赋能,同时“高德地图”也可以从这些交易中获取一定比例的佣金。

(3)交通大数据服务。

“高德地图”通过按使用量或定期收费方式,向企业提供地图数据服务,包括导航数据、位置数据、交通数据分析等。同时基于数据服务,“高德地图”建立交通行业大模型,为政府交管部门在拥堵路口识别、道路信号优化、疏导交通流量、城市交通规划等方面提供数据和技术支撑。

(4)绿色出行碳普惠。

“高德地图”平台推出了绿色出行碳普惠激励机制,鼓励用户更多地选择公共交通和非机动车等方式出行。用户在“高德地图”App内搜索“绿色出行”,即可进入并注册激活个人碳能量账户,使用骑行、步行、公共交通等方式导航出行,即可查看并收集相应的碳减排量。用户可使用收集的碳减排量在“绿色出行—碳普惠”界面内兑换各类权益,如景区门票优惠券、美食优惠券、打车券等。

第五节　基于移动支付的“支付宝”

2015年以来,“支付宝”利用平台的支付结算能力和用户量基础,与交通运输企业和生活服务平台合作,为用户提供了公交、地铁、骑行、打车、火车票、机票和车生活等多种出行场景服务,通过多码聚合、多城共享,为市民提供便捷的出行服务。“支付宝”出行体系如图11-7所示。

一、出行支付服务

“支付宝”在公共汽电车、轨道交通、共享单车、网约车、城际客运等多个领域提供支付服务。其中,公共汽电车方面,用户只需在“支付宝”上开通当地的公交电子卡,上车时展示乘车码,即可便捷支付车费。轨道交通方面,用户在“支付宝”中申领地铁卡,进出站时扫码即可快速通过闸机。共享单车方面,用户可以通过“支付宝”扫一扫功能解锁共享单车,完成骑行支付。网约车方面,用户可以通过“支付宝”小程序呼叫网约车,并使用“支付宝”完成支付。城际客运方面,“支付宝”支持火车、长途客车等交通工具的购票支付。“支付宝”出行服务模块界面如图 11-8 所示。

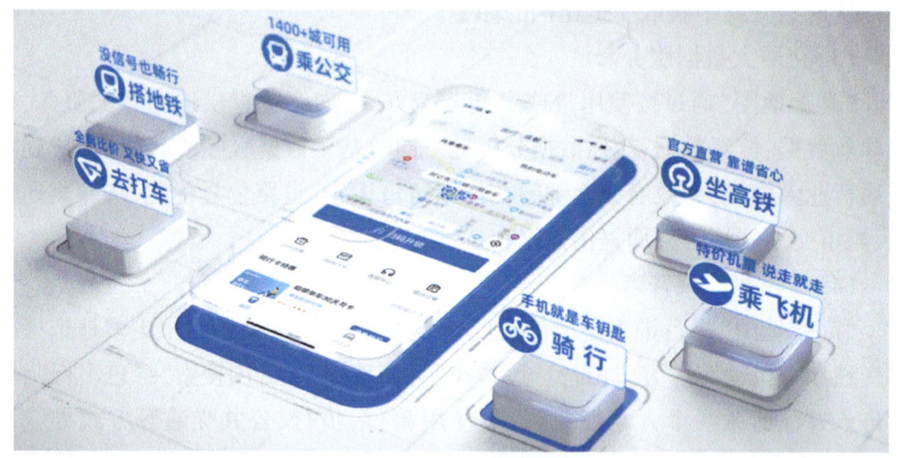

图 11-7 “支付宝”出行体系

图 11-8 “支付宝”出行服务模块界面

二、出行套票服务

“支付宝”与各地政府管理部门、运营企业合作，推出特定的城市出行套票。例如，2023 年“支付宝”在成都推出“天府通超级出行卡”，包含打车券、骑行券和火车票购票券以及公交地铁乘车折扣权益，用户可以选择连续包月或单月开通两种付费方式；2024 年，“支付宝”推出“香港超级出行卡”，提供 8.88 元超级出行周卡和 5.8 元超级出行三日卡两种选择，这两种卡都包含多种代金券，用户在限定时间内，可在香港乘坐指定交通工具。

三、绿色出行生态

“支付宝”推出了蚂蚁森林公益平台，打造“互联网 + 低碳生活 + 植树造林”公益项目。参与者采用步行、公交、地铁等出行方式节省碳排放量被转换为虚拟的“绿色能量”。用户可使用绿色能量在线上兑换种植虚拟树木，与此同时，蚂蚁森林会和基金会等公益合作伙伴会在生态脆弱地区种植用户兑换的真实树木，以此培养和激励公众的低碳出行行为。此外，“支付宝”还参与了绿色出行“百城百企”联动倡议，与地方政府和企业共同探索推广绿色低碳出行的新路径和新模式。

四、公共交通数字化服务

“支付宝”推出“智慧出行数智化平台”，与地方政府管理部门合作，提供公共交通数字化服务，包括但不限于交通流量分析、交通事件智能识别、跨城客运服务等，并收取一定的费用。此外，“支付宝”还发布了“AI 绿色出行解决方案”，为政府管理部门、运营企业提供智能调度、定制出行和线网优化等服务。

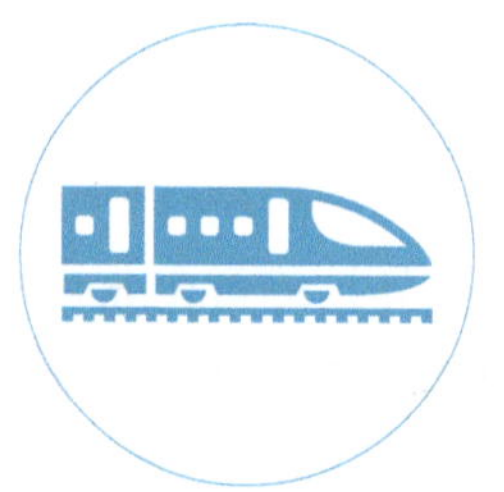

第十二章　典型跨域融合型MaaS应用案例

交通本质是满足人们社会活动(如工作、学习、社交、娱乐、旅行、购物等)出行的需求,是社会生活的关键纽带。很多在线生活服务类平台积极发展数字消费,将出行与“食、住、游、娱、购”等领域进行融合,探索数实融合消费新场景,为消费者提供更加丰富的消费场景。本章选取两个典型跨域融合型 MaaS 应用案例——“携程旅行”和“美团”,解析其从生活消费场景入手,将出行与其他消费领域创新融合,构筑一体化数字生活服务生态的实践。

第一节　“交通 + 旅游”融合的“携程旅行”

“携程旅行”创立于 1999 年 10 月,该平台基于在线旅行服务,整合了票务、酒店、会场、景区和签证等信息,为广大用户提供了机票票价比价和预订、旅游攻略、酒店预订、租车、景点购票等多元化旅行服务。同时,“携程旅行”通过与众多地面交通运营企业、酒店、景区等合作,拓展“门店 + 小交通 + X”产品线,贯通辐射地面交通可达的景区、酒店、餐饮、娱乐、购物等多类型旅游要素,实现目的地旅游资源整合,助力打造“交旅 + ”全域生态圈。

一、多模式票务预订服务

“携程旅行”提供机票、火车票、汽车票等跨城出行交通方式票务预订服务。

其中，机票购票服务覆盖全球各个国家与地区的机票资源，用户可便捷查询、比价、预订国内外航班；此外，在用户机票预订时，平台还推出接送机和租车服务，进一步便捷旅客出行；火车票预订服务覆盖全国各大站点，为用户提供查询、预订客票及纸质票配送服务；汽车票服务覆盖全国400余个城市，线路数量多达48万余条，满足用户跨城、跨省出行需求。

二、联程出行信息服务

依托火车、汽车等票务平台优势，“携程旅行”推出了空铁联运、空巴通、公铁联运以及机票、火车票+租车等多式联运产品体系，实现了多模式组合模式系统自动打包、联程出行方案智能推荐和一站式购票，有效解决了中小城市出行用户赶飞机难的问题。用户可综合行程时间、票价等需求选择最佳的出行方案，进一步提高了用户的出行体验。

三、“机票+酒店+景点”一站式接送服务

“携程旅行”将航空交通与目的地的酒店住宿以及景点之间的接送服务打包，为游客提供一体化接送服务。例如，游客预订了前往某城市的机票后，可同时在“携程旅行”上预订从机场到酒店的接送车辆，以及酒店周边景点的往返车辆接送服务，为游客在陌生城市出行提供了便利，节省了游客搜索当地交通出行方案和分别预约交通工具的时间。

四、“包车游”服务

顺应消费者日渐增长的个性化旅游需求，“携程旅行”针对亲子游、家庭游等群体境内、境外旅游需求，推出包车游服务，包含了定制包车、司机导游、景点讲解等服务。游客可依照景点偏好、出行人数、时间安排和车型偏好等情况，在包车游中预订下单，定制个人旅游出行计划。

五、交旅融合营销联盟

“携程旅行”与航空公司、铁路公司、租车公司等交通企业开展合作营销活动，将交通与各地文旅资源进行串联，共同推广交旅融合产品。例如，“携程旅

行”与航空公司合作推出“机票 + 旅游优惠券”服务;与租车公司合作推出 “租车优惠 + 景点门票”套餐;与各地的文旅部门、景区、酒店等合作,共同打造交旅融合的示范项目,开发景区的交通配套服务,如景区直通车、观光缆车等。

第二节　“出行 + 消费”融合的“美团”

“美团”成立于 2010 年 3 月,该平台通过整合线上线下资源,业务范围涵盖餐饮外卖、酒店旅游、电影票务、打车出行、共享单车等多个领域,构建了集“食、住、行、游、购、娱”等多场景融合的消费服务体系,满足消费者日常生活需求。

一、多模式出行服务

“美团”出行服务模块涵盖公共汽电车、出租汽车、共享单车、共享电单车等交通模式,并提供机票、火车票等预订服务,其出行服务模块界面如图 12-1 所示。“美团”提供的主要出行服务如下。

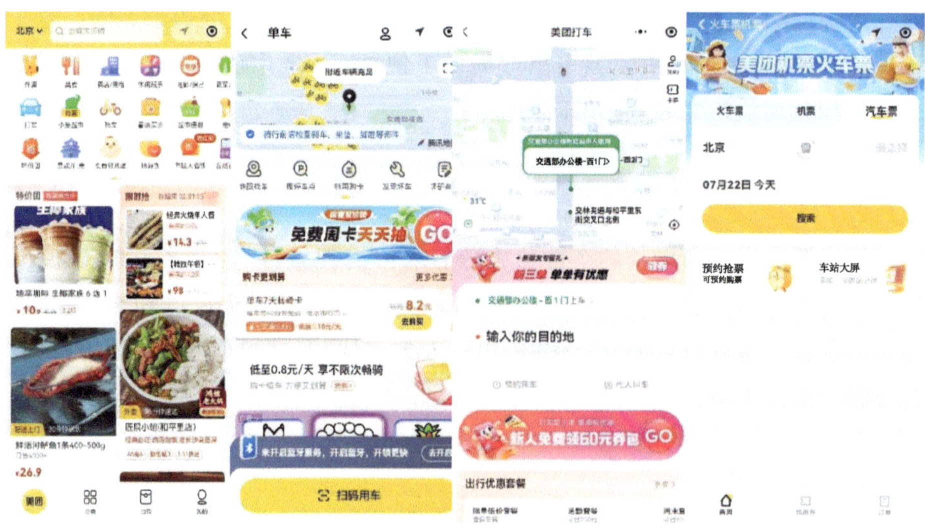

图 12-1　“美团”出行服务模块

(1)公交乘车码。

在赤峰市等部分城市,“美团”上线了公交乘车码业务。用户登录“美团”App后,在功能区选择“乘公交”图标,即可领取公交电子卡,充值后使用“刷码乘车”服务,能够享受乘车折扣优惠,还能申请电子发票。此外,针对老年人、学生等人群,“美团”还推出了“老人卡”“学生卡”等电子卡服务,方便特殊群体用户出行。

(2)出租汽车。

“美团”采用网约车聚合模式,将多个网约车平台的运力整合到“美团”平台上。用户在App上输入出发地和目的地,即可呼叫巡游车、网约车等。

(3)共享单车/电单车。

“美团”在全国各城市推出美团共享单车、电单车骑行服务,满足了用户的短途出行需求。用户在美团App实名认证后进入“骑车”频道,可通过地图找车获取车辆位置信息,点击“扫码用车”扫描车身二维码即可开锁骑行。到达目的地后,用户将车辆停放在指定区域,点击“结束骑行”即可结束订单。此外,“美团”还推出了7天、30天等畅骑卡和次卡服务,丰富了用户的出行选择。

(4)票务预订。

“美团”为用户提供了机票、火车票、汽车票预订服务。机票预订方面,“美团”为用户提供不同航空公司、不同航班的机票价格、起降时间、到降机场等信息,不定时推出团购优惠机票,方便用户选择并预订合适的航班;火车票预订方面,用户可查询车次、时刻表、余票信息等,进行在线选座、改签、退票等操作;汽车票预订方面,用户输入出发地、目的地以及出发时间后可进行班次查询,票务在线支付等。

二、出行+消费服务

“美团”将出行与“食、住、游、娱、购”等生活服务深度融合,将打车业务与餐饮、娱乐、旅行等多种生活服务场景相互联通,通过协同化运营形成用户服务的生态闭环。

(1)出行+餐饮。

“美团”为用户提供一键叫车直达商家目的地的服务,同时用户在“美团”合作餐饮商户完成消费后,平台会以消费推送的方式,将打车优惠券推送给用户,既提高了用户对打车服务的使用频率,也为餐饮消费带来了附加价值。

(2)出行+旅游/住宿。

旅游景点方面,“美团”在一些旅游景点集中的地区,为用户提供景区直通车服务和景区门票预订服务。酒店和民宿方面,平台会根据用户预订的酒店和民宿目的地信息,智能推荐出行最佳交通方式和当地租车服务等,方便用户的旅游出行。

(3)出行+娱乐。

“美团”与影院、KTV、酒吧、网吧等娱乐场所进行合作,将打车服务与观影娱乐相结合,通过场所票务+打车优惠、打车+到店赠送物品等方式为用户提供多样化服务,在便利用户出行同时带动了娱乐场所的客流量,实现了娱乐消费与交通出行的紧密连接。

第十三章 MaaS案例总结

我国多个城市和领域已开展 MaaS 建设和应用,在政府引领、数据驱动、服务创新及跨界合作等多重因素的促进下,MaaS 正呈现出蓬勃发展的态势。这些特点不仅体现了政企合作的深度与广度,还体现了技术创新、服务融合以及可持续发展的长远视角。

一、政企协同联动,构建多方合作机制

我国 MaaS 平台的建设主要是由政府主导支持。政府不仅扮演着数据提供者的角色,还制定一系列政策文件,为平台的建设和发展提供了明确的方向和强有力的支持。这种自上而下的推动模式,促进了 MaaS 平台资源高效整合。企业则充分利用自身在技术研发、市场运营等方面的优势,积极响应政府号召,推动 MaaS 平台的创新发展。

二、数据开放共享,促进资源深度整合

数据的全面整合与共享是 MaaS 平台的核心竞争力之一。各城市依托大数据中心等既有基础,将公交、地铁、出租汽车(含网约车)等多种交通方式的数据资源进行深度整合,构建了全方位、多层次的数据底座。这些数据不仅为 MaaS 平台提供了实时、精准的交通信息服务,还促进了不同交通方式之间的无缝衔接与协同运营优化,为 MaaS 平台注入了持续的发展动力。

三、一站式出行服务,满足多元化出行需求

我国 MaaS 平台通过整合多种交通方式,为用户提供了从出行规划、实时导

航到支付结算的一站式服务体验。用户只需通过单一入口即可享受全链条的出行服务,极大地方便了用户的出行安排。同时,平台利用大数据等技术,为用户提供个性化的出行规划和推荐,进一步提升了服务的针对性和有效性。这种一站式的服务体验不仅满足了用户多元化的出行需求,还增强了用户对平台的依赖感和信任度。

四、绿色出行激励普及,助力“双碳”目标实现

为了积极响应国家绿色低碳发展的号召,各 MaaS 平台普遍建立了碳普惠机制。用户通过选择绿色出行方式(如公交、地铁、骑行等),可获得相应的碳减排量,进而兑换为公共交通优惠券、购物代金券等实际奖励。这种激励机制不仅有效提升了公众对绿色出行的认知度和参与度,还推动了低碳生活方式的普及和推广。通过绿色出行与碳普惠的结合,MaaS 平台在促进交通行业绿色发展的同时,也为实现“双碳”目标贡献了力量。

五、跨领域融合发展,拓展服务生态边界

随着 MaaS 平台的不断成熟和完善,跨领域融合成为新的发展趋势。携程旅行、美团等平台将出行服务与旅游、消费等领域深度融合,为用户提供了更加丰富、多样的出行选择和服务体验。这种跨领域融合不仅拓展了 MaaS 平台的服务边界和应用场景,还促进了不同行业之间的资源共享和优势互补,有助于构建一个更加开放、协同的出行生态系统。

六、跨区域发展探索,提升 MaaS 影响力

区域协同方面,我国部分城市开始探索跨区域的 MaaS 合作,如上海“随申行”计划拓展至长三角区域,推动长三角区域一体化出行生态圈的建立。这种区域协同不仅有助于提升区域间的交通互联互通水平,还有助于促进区域经济的一体化发展。同时部分平台还推出了英文版 App、外籍人士护照注册 App、国际银行卡支付等国际化服务,吸引了更多外籍人士使用,进一步提升了平台的国际影响力和竞争力。这种国际化探索不仅展示了我国 MaaS 平台的发展成果,还有助于推动我国交通行业走向世界舞台。

第十四章　MaaS发展展望与建议

第一节　发展展望

在全球城市化进程不断加速和可持续发展目标日益突出的背景下，出行即服务(Mobility as a Service，MaaS)作为一种创新的出行解决方案，正逐渐成为未来智慧城市交通体系的重要组成部分。本书通过对 MaaS 的理论研究、政策实践以及实践案例的系统总结，力求为读者提供一个全面深入的理解参考。通过本书的总结和论述，可以得出以下主要结论。

(1)概念与构成：MaaS 作为一种新的出行模式，整合了多种交通方式，旨在提供便捷、高效和个性化的出行服务。其核心理念是以用户为中心，通过数字化平台实现交通服务的无缝连接和协同优化。

(2)政策与法规：各国政府在推动 MaaS 发展中发挥着重要作用。合理的政策和法规框架不仅能促进 MaaS 生态系统的健康发展，还能确保数据安全、隐私保护和市场公平竞争。

(3)运营服务：MaaS 服务提供者是 MaaS 出行体系中一个独立的逻辑主体，需要在运输服务体系中给予一定的地位，配套相应的规则、标准、责任和义务，未来会涉及复杂的新型的数字控制体系下的生产关系。

(4)技术支撑：大数据、物联网、人工智能和区块链等先进技术为 MaaS 的实现提供了强有力的支撑。这些技术不仅提升了出行服务的智能化水平，还为交通系统的优化和管理提供了新的途径。

(5)实践案例：全球各地的MaaS实施案例展示了其在提升交通效率、减少环境污染和改善用户体验方面的显著成效。然而，不同地区在实施过程中也面临着诸如数据共享、技术集成、市场接受度、商业可持续和政策协调等挑战。

随着城市化进程加速推进和国家低碳转型发展战略的深入实施，出行即服务(MaaS)正从概念探索阶段稳步迈向规模化落地的实践新阶段。未来，伴随“车辆使用权优于所有权”理念的深入发展，MaaS将深度重构城市出行生态，从多种交通出行方式的整合迈向“食、住、游、娱、购”生活全场景的无缝融合，从“工具性出行平台”升级为“以人为本导向的城市移动生活操作系统”。其所带来的不仅出行和消费体验的优化提升，更是通过技术聚合与模式创新突破，重塑高效、便捷、公平、韧性、低碳的城市肌理，实现从“出行自由”到“生活消费自由”的跨越。

第二节　思考与建议

尽管环球出行即服务(MaaS Global)公司(Whim应用程序运营商)的破产倒闭为MaaS的发展敲响了警钟，但这并不意味着MaaS的前景会黯淡。其提醒我们，只有从中汲取教训，通过准确把握MaaS发展定位和发展导向，因地制宜设计发展模式和发展机制，坚持守正创新，才能推动MaaS在未来的发展中更加稳健和成熟。通过不断优化商业模式、提升技术能力、加强政策合作和关注用户需求，MaaS有望在未来实现更广泛的应用和更高的社会价值。

(1)坚持数字化变革、低碳转型的发展定位，使MaaS成为支撑城市高效可持续运行的重要工具。

“跳出交通看MaaS”，使MaaS成为引领城市数字化变革和低碳转型的重要先锋领域，成为探索超大城市精细化治理、践行“人民城市人民建、人民城市为人民”理念的重要支撑和载体。要构建交通、环保、经信、科技、大数据等跨部门常态化协作机制，从推动城市数字化变革和低碳转型的高度、从满足人民群众对美好生活向往的角度，制定综合性的MaaS发展政策体系、标准体系和技术体系。

目前，很多城市MaaS平台数据底座仍不完整，支撑高等级MaaS体系运行的基础条件仍不完善，MaaS碳普惠实施机制仍不健全，迫切需要把MaaS从“交通工程”上升为“城市工程”,从城市高效可持续运行的全局高度破除相关体制机制障碍,加速构建和完善 MaaS 发展所需的制度环境。

(2)坚持公共交通、绿色交通的发展导向,利用 MaaS 重振城市公交服务体系。

公共交通和绿色交通优先发展,是城市交通必须牢牢坚守的基本战略导向,要确保公共交通系统在城市 MaaS 出行中的主导地位,鼓励用户更多选择 MaaS 平台中的绿色出行方式,而不是转向私人出行方式(如出租汽车、专车等)。要充分发挥 MaaS 平台对居民出行需求特征的全面感知能力,重构按需定容、无缝衔接、动态均衡的公共交通设施网络与服务网络。

面向 MaaS 服务绩效需求重构公交票价定价调节及授权机制,根据公交实际服务的客流规模重构公交补贴机制,激励绿色出行方式(公交、地铁、骑行等)、补贴为提供公平服务所带来的政策性亏损(低收入人群、公共服务能力薄弱地区)等正外部效益。

(3)坚持政府引导、政企合作的发展模式,构建市场化的 MaaS 运营环境。

厘清政府、市场在 MaaS 建设和运营阶段的不同分工。MaaS 建设阶段,其核心任务是打通交通行业数据孤岛、开发完整的数据底座、强化数据治理和服务能力,并构建统一的支付渠道。这一阶段涉及多部门、多主体、多环节的广泛协调,需要政府力量主导和推动。政府需要完善数据共享和应用相关的整体框架、管理制度、流程规范、接口标准、数据种类、考核评价体系、数据安全等,并确保相应的数据管理机制。

MaaS 运营阶段,其核心任务是在政府支持、引导和监管下最大程度触达、服务用户,切实让用户享受 MaaS 出行的便利性和普惠性。为此,要充分发挥市场在 MaaS 运营阶段的主体作用。政府向企业开放数据和支付渠道,积极引导地图服务类、聚合平台类等流量入口型企业加入 MaaS 运营服务,打造专业化的 MaaS 运营商。同时,依托 MaaS 后端平台加强对各类型运营主体产生的出行服务数据进行汇聚、治理与分析,为全面掌握城市出行提供技术支撑和决策支持。

(4)坚持共建共享、互利共赢的发展机制,明确角色定位,扩大 MaaS 生态圈。

共建共享、互利共赢的生态圈是 MaaS 得以持续运营和发展的必要条件,且其前提是合理确定生态圈中不同主体的角色定位,发挥各自优势并形成协同力量。要着重处理好 MaaS 平台与 MaaS 生态圈中其他主体的关系。MaaS 平台的主体作用是构建和完善统一的数据底座、统一的支付渠道、统一的出行服务引导和监管体系。要避免 MaaS 平台“既做裁判员、又当运动员”的角色错位,逐步加强 MaaS 平台对 MaaS 运营商的服务能力、对政府引导和调控交通资源配置的决策支撑能力。

一个城市可重点引入 2~3 家 MaaS 运营商。MaaS 运营商通过打造可与私家车出行相媲美的公共出行服务体系,扩大出行服务规模,获取合理利润,并通过科学的清分机制,使各类交通运输服务提供者(如公交企业、共享单车企业、出租汽车企业等)均能获利,进而实现协同共赢发展。

尤其需要关注的是,应更多结合经济业态和公共服务,从整体角度看待 MaaS 在居民工作、生活中的作用,而不是孤立地从交通的角度来看待 MaaS。一些发达城市的 MaaS 案例表明,地产开发商、物业服务商、社区商业(如超市、便利店、餐厅、医疗机构)都可以与 MaaS 服务合作,既可以作为 MaaS 的共同投资者,也可以成为 MaaS 协同开发的受益者或者直接用户。通过以“MaaS 导向的商业开发”拓展更多商业模式和场景,并从 MaaS 带动的周边商业繁荣中获益。

(5)坚持技术创新、公平规范的发展路径,加强 MaaS 核心技术研发与监管能力建设。

MaaS 建设和运营过程中,会产生一系列涉及数据安全、行业垄断、不公平竞争等潜在风险,例如,MaaS 运营商可能有差别地对待平台中的交通运输服务提供者、交通运输服务提供者可能因 MaaS 而失去用户、数据共享使得竞争对手商业模式被揭露等。因此,强有力的交通监管是保障 MaaS 健康运营的关键。

政府监管可重点关注 MaaS 运营商是否更多引导用户使用公共交通、绿色交通出行,而不是转向个体私人机动车出行。应制定关于算法使用的政策,保障运营商之间的公平竞争环境,防止产生不良影响。要加强 MaaS 用户画像、基于碳普惠的绿色出行引导、多方式出行联程规划与费用清分、时空高精度出行服务仿真等关键技术的研发应用,保障 MaaS 服务与监管能力。

总之,出行即服务作为一项创新的交通模式,正日益展示出其在提升城市交通效率、减少环境污染、提升出行体验和促进可持续发展方面的巨大潜力。通过本书的系统研究,不仅深入探讨了 MaaS 的理论基础和实践应用,还展望了其未来发展的可能路径。希望本书能够为学术研究者、政策制定者、城市规划者以及交通行业从业者提供有价值的参考和启示,共同推动 MaaS 在全球范围内的推广与应用,为构建智慧、绿色和可持续的未来城市交通系统贡献力量。

参考文献

[1] EFTIHIA G N, GIANNIS A, IOANNIS K. Advances in Mobility-as-a-service Systems: Proceedings of 5th Conference on Sustainable Urban Mobility, Greece, June 17-19, 2020[C]. Berlin:Springer Nature, 2020.

[2] FINCK M, LAMPING M, MOSCON V, et al. Smart urban mobility[M]. Berlin:Springer Nature, 2020.

[3] HENSHER D A, HO C Q, RECK D J. Mobility as a service and private car use: Evidence from the Sydney MaaS trial[J]. Transportation Research Part A: Policy and Practice, 2021, 145:17-33.

[4] KUMAR V. Smart Global Megacities[M]. Singapore:Springer Singapore, 2021.

[5] PARK Y, HA H K. Analysis of the impact of high-speed railroad service on air transport demand[J]. Transportation Research Part E, 2006, 42:95-104.

[6] ZHU J X, LUO Q Y, GUAN X Y, et al. A Traffic Assignment Approach for Multi-Modal Transportation Networks Considering Capacity Constraints and Route Correlations[J]. IEEE Access, 2020(99): 158862-158874.

[7] 卞科.城市轨道交通经济效益分析[J].运输经理世界,2023(22):4-6.

[8] 陈龙."数字控制"下的劳动秩序:外卖骑手的劳动控制研究[J]. 社会学研究,2020,35(6):113-135,244.

[9] 陈相艳,刘宇.城市轨道交通空间资源综合利用的经济效益研究[J].产业创新研究,2022(9):87-89.

[10] 高鹏飞,陈国俊,张抒扬,等.基于智慧出行用户画像的出行期望预留时长分析[J].科学技术与工程,2021,21(28):12286-12293.

[11] 胡宝雨,庞钰,裴玉龙.适应时空不均衡客流的多车型公交时刻表优化[J].华南理工大学学报(自然科学版),2020,48(11):38-48.

[12] 胡晓伟. 城市客运交通系统参与主体经济决策模型研究[D].哈尔滨:哈尔滨工业大学,2013.

[13] 户佐安,周媛媛,孙燕,等.考虑广义出行费用的城市客运交通结构优化[J].武汉理工大学学报(交通科学与工程版),2022,46(1):6-11.

[14] 蒋源,李星. XGBoost 模型驱动的出行方式挖掘及超大城市交通结构优化调整思考[C]//中国城市规划学会城市交通规划专业委员会.韧性交通:品质与服务——2023 年中国城市交通规划年会论文摘要.北京:中国建筑工业出版社,2023:12.

[15] 李心灵,祁敬宇.平台经济治理的现实困境与完善路径[J].行政管理改革,2023(6):33-43.

[16] 李樊.面向双碳战略的城市轨道交通运营综合效能提升技术研究[J].现代城市轨道交通,2022(8):7-11.

[17] 李丽,王晓颖."双碳"目标下北京城市交通结构优化研究[J].交通节能与环保,2022,18(2):52-56.

[18] 李川鹏,王秀旭. MaaS 国外发展经验借鉴:以芬兰 Whim 应用程序为例[J].中国信息化,2019(10):46-47.

[19] 刘好德,钱贞国,刘向龙,等. 城市 MaaS 研究热点文献计量分析与发展启示[J].交通运输研究,2022,8(3):130-142.

[20] 刘好德,叶建红,李香静,等.跨域融合,推动出行即服务(MaaS)更高质量发展[J].前沿科学,2024,18(2):39-45.

[21] 刘向龙,刘好德,李香静,等.中国出行即服务(MaaS)体系框架与发展路径研究[J].交通运输研究,2019,5(3):1-9.

[22] 刘向龙,刘好德,李香静.出行即服务(MaaS)研究与探索[M].北京:人民交通出版社股份有限公司,2020.

[23] 龙昱茜,石京,李瑞敏. MaaS 各国案例比较研究与应用前景分析[J].交通工程,2019,19(3):1-10.

[24] 卢柳樱. 基于低碳理念的城市客运交通结构优化研究[D].青岛:青岛理工大学,2023.

[25] 马李京. 基于效率的城市交通结构优化研究[D].成都:西南交通大学,2015.

[26] 钱喆.大城市公交评价指标体系和公交竞争力指数研究[J].城市交通,2015,13(4):30-36.

[27] 全树远,董蕴豪,乔永康,等. 地铁域地下空间系统的交通效能评价:以上海市中心城区典型车站为例[J]. 现代隧道技术,2022,59(S1):152-162.

[28] 时光祝. 交通运输经济效益的评价方案研究[J]. 中国储运,2022(6):192-194.

[29] 孙斌. 线路时刻表改进可提高企业经济效益:以宁波公交集团为例[J]. 人民公交,2022(8):48-53.

[30] 唐枫,徐磊青. 站城一体化视角下的轨交地块开发与空间效能研究:以上海三个轨交站为例[J]. 西部人居环境学刊,2017,32(3):7-14.

[31] 汤姆逊. 城市布局与交通规划[M]. 倪文彦,陶吴馨,译. 北京:中国建筑工业出版社,1982.

[32] 汪光焘. 城市交通学导论[M]. 上海:同济大学出版社,2018.

[33] 汪光焘. 城市交通治理的内涵和目标研究[J]. 城市交通,2018,16(1):1-6.

[34] 汪光焘,陈小鸿,叶建红,等. 城市交通治理现代化理论构架与方法初探[J]. 城市交通,2020,18(2):1-14.

[35] 汪光焘,王继峰,赵珺玲. 新时期城市交通需求演变与展望[J]. 城市交通,2020,18(4):1-10.

[36] 汪光焘,周继东,沈国明,等. 城市交通与法治[M]. 上海:同济大学出版社,2021.

[37] 汪光焘,单肖年,张华,等. 数字化转型下的城市交通治理[J]. 城市交通,2022,20 (1):1-9,127.

[38] 王健,胡敏翔,王承翔,等. 欧洲出行即服务(MaaS)的政策框架[J]. 中国交通信息化,2021(6):137-141.

[39] 王勍. 城市轨道交通空间资源综合利用的经济效益分析[J]. 企业改革与管理,2021(19):223-224.

[40] 徐海东. 城市开通地铁的经济效益研究[J]. 现代城市研究,2022(2):96-103.

[41] 姚启帆,陈景衡,雷仁婧,等. 基于行为特征的智慧地铁车站空间组构效能分析研究[J]. 世界建筑,2024(2):64-69.

[42] 于滨,李欣,刘好德. 现代公共交通系统变革与发展[J]. 前瞻科技,2023,2(3):86-96.

[43] 赵敏,张卫国,俞立中.上海市居民出行方式与城市交通 CO_2 排放及减排对策[J].环境科学研究,2009,22(6):747-752.

[44] 庄然.基于综合能源效益优化的城市综合体功能设计方法研究[D].长沙:中南大学,2023.